Gastronomia Chineză

Delicii Exotice și Arome Uimitoare

Wei Chen

Cuprins

Crap dulce-acrișor *10*
Crap cu Tofu *12*
Rulouri de pește cu migdale *14*
Cod cu muguri de bambus *16*
Pește cu muguri de fasole *18*
File de pește în sos brun *20*
Prăjituri chinezești de pește *21*
Pește Crocant-Prăjit *22*
Cod prăjit *23*
Pește cu cinci condimente *24*
Bețișoare parfumate de pește *25*
Pește cu CornișI *26*
Cod ghimbir-condimentat *27*
Cod cu sos de mandarine *29*
Pește cu ananas *31*
Rulouri de pește cu carne de porc *33*
Pește în vin de orez *35*
Pește rapid prăjit *36*
Pește din semințe de susan *37*
Biluțe de pește la abur *38*
Pește acru marinat *39*
Pește cu sos de oțet *40*
Anghilă prăjită *42*
Anghilă Fiartă Sec *43*
Eel cu telina *45*
Ardei umpluți cu eglefin *46*
Eglefin în sos de fasole neagră *47*
Pește în sos brun *48*
Pește cu cinci condimente *49*
Eglefin cu usturoi *50*
Pește iute-condimentat *51*

Ginger Haddock cu Pak Soi 53
Pleturi de eglefin 55
Rulate de pește la abur 56
Halibut cu sos de rosii 58
Monkfish cu Broccoli 59
Chefin cu sos gros de soia 61
West Lake Fish 62
Câmburea prăjită 63
Cambulă la abur cu ciuperci chinezești 64
Cambulă cu usturoi 65
Cambulă cu sos de ananas 66
Somon cu tofu 68
Pește marinat prăjit 69
Pastrav cu Morcovi 70
Păstrăv Prăjit 71
Pastrav cu sos de lamaie 72
Ton chinezesc 74
Fripturi de pește marinate 76
Creveți cu migdale 77
Creveți de anason 79
Creveți cu sparanghel 80
Creveți cu Bacon 81
bile de creveți 82
Creveți la grătar 84
Creveți cu lăstari de bambus 85
Creveți cu muguri de fasole 86
Creveți cu sos de fasole neagră 87
Creveți cu țelină 89
Creveți prăjiți cu pui 90
Creveți Chilli 91
Creveți Chop Suey 92
Creveți Chow Mein 93
Creveți cu Dovlecei și Lichi 94
Creveți cu Crab 96
Creveți cu castraveți 98
Curry cu creveți 99

Curry cu creveți și ciuperci 100
Creveți prăjiți 101
Creveți aluați prăjiți 102
Găluște de creveți cu sos de roșii 103
Creveți și cupe de ouă 105
Rulouri cu ouă cu creveți 106
Creveți în stilul Orientului Îndepărtat 108
Creveți Foo Yung 110
Cartofi prăjiți cu creveți 111
Creveți prăjiți în sos 113
Creveți poșați cu șuncă și tofu 115
Creveți în sos de homar 116
Abalone marinat 118
Lăstari de bambus înăbușiți 119
Pui cu castraveți 120
Susan de pui 121
Lichii cu ghimbir 122
Aripioare de pui gătite la roșu 123
Carne de crab cu castraveți 124
Ciuperci marinate 125
Ciuperci cu usturoi marinate 126
Creveți și conopidă 127
Bețișoare de șuncă de susan 128
Tofu rece 129
Pui cu Bacon 130
Pui și banane prăjite 131
Pui cu ghimbir si ciuperci 132
Pui și șuncă 134
Ficatei de pui la gratar 135
Biluțe de crab cu castane de apă 136
Dim Sum 137
Rulouri cu șuncă și pui 138
Turnovers cu șuncă la cuptor 140
Pește Pseudo Afumat 141
Ciuperci umplute 143
Ciuperci cu sos de stridii 144

Rulouri de porc și salată verde *145*
Chiftele de porc și castane *147*
Galuste de porc *148*
Risole de porc și vițel *149*
Creveți Fluture *150*
Creveți chinezești *151*
Biscuiți cu creveți *152*
Creveți crocanți *153*
Creveți cu sos de ghimbir *154*
Rulouri cu creveți și tăiței *155*
Pâine prăjită cu creveți *157*
Wontons de porc și creveți cu sos dulce-acru *158*
Supă de pui *160*
Ciorbă de germeni de fasole și porc *161*
Supă de abalone și ciuperci *162*
Supă de pui și sparanghel *164*
Supa de vită *165*
Supă de vită și frunze chinezești *166*
Supă de varză *167*
Supă picant de vită *168*
Supa celeste *170*
Supă de pui și lăstari de bambus *171*
Supă de pui și porumb *172*
Supă de pui și ghimbir *173*
Supă de pui cu ciuperci chinezești *174*
Supă de pui și orez *175*
Supă de pui și nucă de cocos *176*
Supă de scoici *177*
Supă de ouă *178*
Supă de crab și scoici *179*
Supă de crabi *181*
Ciorba de peste *182*
Supă de pește și salată verde *183*
Supă de ghimbir cu găluște *185*
Supă fierbinte și acră *186*
Supa de ciuperci *187*

Supă de ciuperci și varză 188
Supă cu picături de ouă de ciuperci 189
Ciorba de castane cu ciuperci si apa 190
Supă de porc și ciuperci 191
Supa de porc si nasturel 192
Supă de porc și castraveți 193
Supa cu chiftele de porc si taitei 194
Supă de spanac și tofu 195
Supă de porumb dulce și crab 196
Supă de Sichuan 197
Supa de tofu 199
Supă de tofu și pește 200
Supă de roșii 201
Supă de roșii și spanac 202
Supă de napi 203
Supa de legume 204
Supă vegetariană 205
Supă de Nasturel 206
Pește prăjit cu legume 207
Pește întreg copt 209
Pește de soia înăbușit 210
Pește de soia cu sos de stridii 211
Bas aburit 213
Pește înăbușit cu ciuperci 214
Pește dulce și acru 216
Pește umplut cu carne de porc 218
Crap condimentat înăbușit 220

Crap dulce-acrișor

Porti 4

1 crap mare sau pește similar
300 g/11 oz/¬œ cană de făină de porumb (amidon de porumb)
250 ml/8 fl oz/1 cană ulei vegetal
30 ml/2 linguri sos de soia
5 ml/1 lingurita sare
150 g/5 oz/cană grămadă ¬Ω zahăr
75 ml/5 linguri otet de vin
15 ml/1 lingura vin de orez sau sherry uscat
3 cepe primare (cepe), tocate mărunt
1 felie radacina de ghimbir, tocata marunt
250 ml/8 fl oz/1 cană apă clocotită

Curățați și solzi peștele și puneți-l la înmuiat câteva ore în apă rece. Scurgeți și uscați, apoi marcați fiecare parte de mai multe ori. Rezervați 30 ml/2 linguri de făină de porumb, apoi amestecați treptat suficientă apă în făina de porumb rămasă pentru a obține un aluat tare. Acoperiți peștele în aluat. Se încălzește uleiul până când este foarte fierbinte și se prăjește peștele până devine crocant pe exterior, apoi se reduce focul și se continuă să prăjească până când peștele este fraged. Între timp, amestecați făina de porumb rămasă, sosul de soia, sarea, zahărul, oțetul de vin,

vin sau sherry, ceapa primavara si ghimbir. Când peștele este gătit, transferați-l pe o farfurie caldă de servire. Se adauga amestecul de sos si apa in ulei si se aduce la fiert, amestecand bine pana se ingroasa sosul. Se toarna peste peste si se serveste imediat.

Crap cu Tofu

Porti 4

1 crap

60 ml/4 linguri ulei de arahide (arahide).

225 g/8 oz tofu, cuburi

2 cepe primare (cepe), tocate fin

1 catel de usturoi, tocat marunt

2 felii de rădăcină de ghimbir, tăiate mărunt

15 ml/1 lingura sos chilli

30 ml/2 linguri sos de soia

500 ml/16 fl oz/2 căni de stoc

30 ml/2 linguri vin de orez sau sherry uscat

15 ml/1 lingură făină de porumb (amidon de porumb)

30 ml/2 linguri apă

Tăiați, decupați și curățați peștele și marcați 3 linii în diagonală pe fiecare parte. Încinge uleiul și prăjește ușor tofu până se rumenește. Scoateți din tigaie și scurgeți bine. Adăugați peștele în tigaie și prăjiți până devine auriu, apoi scoateți din tigaie. Se toarnă tot, cu excepția 15 ml/1 lingură de ulei, apoi se prăjește ceapa primăvară, usturoiul și ghimbirul timp de 30 de secunde.

Adăugați sosul chilli, sosul de soia, bulionul și vinul și aduceți la fiert. Adăugați cu grijă peștele în tigaia cu

tofu-ul și fierbeți, neacoperit, aproximativ 10 minute până când peștele este fiert și sosul este redus. Transferați peștele pe o farfurie de servire încălzită și turnați tofu deasupra. Se amestecă făina de porumb și apa până la o pastă, se amestecă în sos și se fierbe, amestecând, până când sosul se îngroașă ușor. Se pune peste pește și se servește imediat.

Rulouri de pește cu migdale

Porti 4

100 g/4 oz/1 cană migdale

450 g/1 lb file de cod

4 felii de sunca afumata

1 ceapă de primăvară (ceapă), tocată

1 felie rădăcină de ghimbir, tocată

5 ml/1 lingurita faina de porumb (amidon de porumb)

5 ml/1 lingurita zahar

2,5 ml/¬Ω linguriță sare

15 ml/1 lingura sos de soia

15 ml/1 lingura vin de orez sau sherry uscat

1 ou, batut usor

ulei pentru prăjire

1 lămâie, tăiată felii

Se fierb migdalele in apa clocotita timp de 5 minute apoi se scurg si se toaca. Tăiați peștele în pătrate de 9 cm/3¬Ω și șunca în pătrate de 5 cm/2. Amestecați ceapa primăvară, ghimbirul, făina de porumb, zahărul, sarea, sosul de soia, vinul sau sherry și ou. Înmuiați peștele în amestec, apoi puneți peștele pe o suprafață de lucru. Ungeți blatul cu migdale apoi puneți deasupra o felie de șuncă. Rulați peștele și legați

cu bucătar, Se încălzește uleiul și se prăjesc rulourile de pește câteva minute până se rumenesc. Se scurge pe hartie de bucatarie si se serveste cu lamaie.

Cod cu muguri de bambus

Porti 4

4 ciuperci chinezești uscate
900 g/2 lb file de cod, tăiate cubulețe
30 ml/2 linguri faina de porumb (amidon de porumb)
ulei pentru prăjire
30 ml/2 linguri ulei de arahide (arahide).
1 ceapă primăvară (ceapă), tăiată felii
1 felie rădăcină de ghimbir, tocată
sare
100 g/4 oz muguri de bambus, feliați
120 ml/4 fl oz/¬Ω cană de stoc de pește
15 ml/1 lingura sos de soia
45 ml/3 linguri apă

Înmuiați ciupercile în apă caldă timp de 30 de minute, apoi scurgeți-le. Aruncați tulpinile și tăiați capacele. Pudram pestele cu jumatate faina de porumb. Se încălzeşte uleiul şi se prăjeşte peştele până se rumeneşte. Se scurge pe hartie de bucatarie si se tine la cald.

Intre timp se incinge uleiul si se caleste ceapa primavara, ghimbirul si sarea pana se rumenesc usor. Adăugaţi lăstarii de bambus şi prăjiţi timp de 3 minute. Adăugaţi bulionul şi sosul de soia, aduceţi la fiert şi fierbeţi timp de 3 minute. Se amestecă făina de porumb rămasă până la o pastă cu apa, se amestecă în tigaie şi se fierbe, amestecând, până când sosul se îngroaşă. Se toarna peste peste si se serveste imediat.

Pește cu muguri de fasole

Porti 4

450 g/1 lb muguri de fasole
45 ml/3 linguri ulei de arahide (arahide).
5 ml/1 lingurita sare
3 felii de rădăcină de ghimbir, tocate
450 g/1 lb file de pește, feliate
4 cepe de primăvară (cepe), tăiate felii
15 ml/1 lingura sos de soia
60 ml/4 linguri supa de peste
10 ml/2 lingurițe de făină de porumb (amidon de porumb)
15 ml/1 lingura de apa

Se albesc mugurii de fasole in apa clocotita timp de 4 minute apoi se scurg bine. Se încălzește jumătate din ulei și se prăjește sarea și ghimbirul timp de 1 minut. Se adauga pestele si se prajeste pana se rumeneste usor apoi se scoate din tigaie. Încinge uleiul rămas și prăjește ceapa primăvară timp de 1 minut. Adăugați sosul de soia și bulionul și aduceți la fierbere. Întoarceți peștele în tigaie, acoperiți și fierbeți timp de 2 minute până când peștele este fiert. Se amestecă făina de porumb și apa până la o pastă, se amestecă în tigaie și se fierbe, amestecând, până când sosul se limpezește și se îngroașă.

File de pește în sos brun

Porti 4

450 g/1 lb file de cod, feliate groase
30 ml/2 linguri vin de orez sau sherry uscat
30 ml/2 linguri sos de soia
3 cepe primare (cepe), tocate mărunt
1 felie radacina de ghimbir, tocata marunt
5 ml/1 lingurita sare
5 ml/1 linguriță ulei de susan
30 ml/2 linguri faina de porumb (amidon de porumb)
3 oua, batute
90 ml/6 linguri ulei de arahide (arahide).
90 ml/6 linguri supa de peste

Puneți fileurile de pește într-un castron. Se amestecă vinul sau sherry, sosul de soia, ceapa primăvară, ghimbirul, sarea și uleiul de susan, se toarnă peste pește, se acoperă și se lasă la marinat 30 de minute. Scoateți peștele din marinadă și adăugați făina de porumb apoi scufundați-l în oul bătut. Încinge uleiul și prăjește peștele până se rumenește pe exterior. Se toarnă uleiul și se amestecă bulionul și orice marinadă rămasă. Se aduce la fierbere și se fierbe ușor timp de aproximativ 5 minute până când peștele este fiert.

Prăjituri chinezești de pește

Porti 4

450 g/1 lb tocat (măcinat) cod
2 cepe primare (cepe), tocate fin
1 cățel de usturoi, zdrobit
5 ml/1 lingurita sare
5 ml/1 lingurita zahar
5 ml/1 linguriță sos de soia
45 ml/3 linguri ulei vegetal
15 ml/1 lingură făină de porumb (amidon de porumb)

Amestecați codul, ceapa primăvară, usturoiul, sarea, zahărul, sosul de soia și 10 ml/2 lingurițe de ulei. Se frământă bine, stropind din când în când puțină făină de porumb până când amestecul devine moale și elastic. Modelați în 4 prăjituri de pește. Încinge uleiul și prăjește prăjiturile de pește aproximativ 10 minute până devin aurii, apăsând-le în timp ce se gătesc. Serviți cald sau rece.

Pește Crocant-Prăjit

Porti 4

450 g/1 lb file de pește, tăiate fâșii
30 ml/2 linguri vin de orez sau sherry uscat
sare si piper proaspat macinat
45 ml/3 linguri faina de porumb (amidon de porumb)
1 albus de ou, batut usor
ulei pentru prăjire

Arunca pestele in vin sau sherry si asezoneaza cu sare si piper. Pudrați ușor cu făină de porumb. Bateți făina de porumb rămasă în albușul de ou până se întărește, apoi înmuiați peștele în aluat. Se încălzește uleiul și se prăjesc fâșiile de pește timp de câteva minute până se rumenesc.

Cod prăjit

Porti 4

900 g/2 lb file de cod, tăiate cubulețe
sare si piper proaspat macinat
2 oua, batute
100 g/4 oz/1 cană făină simplă (universală).
ulei pentru prăjire
1 lămâie, tăiată felii

Condimentam codul cu sare si piper. Bateți ouăle şi făina până la un aluat şi asezonați cu sare. Înmuiați peştele în aluat. Se încălzeşte uleiul şi se prăjeşte peştele câteva minute până când se rumeneşte şi este fiert. Se scurge pe hartie de bucatarie si se serveste cu felii de lamaie.

Pește cu cinci condimente

Porți 4

4 file de cod
5 ml/1 linguriță pudră cu cinci condimente
5 ml/1 lingurita sare
30 ml/2 linguri ulei de arahide (arahide).
2 catei de usturoi, macinati
2,5 ml/1 în rădăcină de ghimbir, tocat
30 ml/2 linguri vin de orez sau sherry uscat
15 ml/1 lingura sos de soia
câteva picături de ulei de susan

Frecați peștele cu pudra cu cinci condimente și sare. Încinge uleiul și prăjește peștele până se rumenește ușor pe ambele părți. Scoateți din tavă și adăugați ingredientele rămase. Se încălzește, amestecând, apoi se pune peștele înapoi în tigaie și se reîncălzi ușor înainte de servire.

Bețișoare parfumate de pește

Porti 4

30 ml/2 linguri vin de orez sau sherry uscat
1 ceapă primăvară (ceapă), tocată mărunt
2 oua, batute
10 ml/2 lingurițe pudră de curry
5 ml/1 lingurita sare
450 g/1 lb file de pește alb, tăiate fâșii
100 g/4 oz pesmet
ulei pentru prăjire

Amestecați vinul sau sherry, ceapa primăvară, ouăle, praful de curry și sarea. Înmuiați peștele în amestec, astfel încât bucățile să fie acoperite uniform, apoi apăsați-le în pesmet. Se încălzește uleiul și se prăjește peștele câteva minute până devine crocant și auriu. Se scurge bine si se serveste imediat.

Pește cu Cornişi

Porti 4

4 fileuri de peste alb
75 g/3 oz corniși mici
2 cepe de primăvară (cepe)
2 felii de rădăcină de ghimbir
30 ml/2 linguri apă
5 ml/1 linguriță ulei de arahide (arahide).
2,5 ml/¬Ω linguriță sare
2,5 ml/¬Ω linguriță vin de orez sau sherry uscat

Puneți peștele pe o farfurie termorezistentă şi stropiți cu ingredientele rămase. Puneți pe un gratar într-un cuptor cu abur, acoperiți şi fierbeți la abur timp de aproximativ 15 minute peste apă clocotită până când peștele este fraged. Transferați pe o farfurie de servire încălzită, aruncați ghimbirul şi ceapa primăvară şi serviți.

Cod ghimbir-condimentat

Porti 4

225 g/8 oz piure de roșii (pastă)
30 ml/2 linguri vin de orez sau sherry uscat
15 ml/1 lingură rădăcină de ghimbir rasă
15 ml/1 lingura sos chilli
15 ml/1 lingura de apa
15 ml/1 lingura sos de soia
10 ml/2 lingurite zahar
3 catei de usturoi, macinati
100 g/4 oz/1 cană făină simplă (universală).
75 ml/5 linguri faina de porumb (amidon de porumb)
175 ml/6 fl oz/¬œ cană de apă
1 albus de ou
2,5 ml/¬Ω linguriță sare
ulei pentru prăjire
450 g/1 lb file de cod, decojite și tăiate cuburi

Pentru a face sosul, amestecați împreună piureul de roșii, vinul sau sherry, ghimbirul, sosul chilli, apa, sosul de soia, zahărul și usturoiul. Se aduce la fierbere apoi se fierbe, amestecând, timp de 4 minute.

Bateți împreună făina, făina de porumb, apa, albușul de ou și sarea până se omogenizează. Incalzeste uleiul. Înmuiați bucățile de pește în aluat și prăjiți aproximativ 5 minute până când sunt fierte și aurii. Scurgeți pe hârtie de bucătărie. Scurgeți tot uleiul și puneți peștele și sosul înapoi în tigaie. Reîncălziți ușor timp de aproximativ 3 minute până când peștele este complet acoperit cu sos.

Cod cu sos de mandarine

Porti 4

675 g/1½ lb file de cod, tăiate fâșii
30 ml/2 linguri faina de porumb (amidon de porumb)
60 ml/4 linguri ulei de arahide (arahide).
1 ceapă de primăvară (ceapă), tocată
2 catei de usturoi, macinati
1 felie rădăcină de ghimbir, tocată
100 g/4 oz ciuperci, feliate
50 g/2 oz muguri de bambus, tăiați în fâșii
120 ml/4 fl oz/½ cană sos de soia
30 ml/2 linguri vin de orez sau sherry uscat
15 ml/1 lingura de zahar brun
5 ml/1 lingurita sare
250 ml/8 fl oz/1 cană supă de pui

Înmuiați peștele în făină de porumb până se îmbracă ușor. Încinge uleiul și prăjește peștele până se rumenește pe ambele părți. Scoateți-l din tigaie. Adăugați ceapa primăvară, usturoiul și ghimbirul și prăjiți până se rumenește ușor. Adăugați ciupercile și lăstarii de bambus și prăjiți timp de 2 minute. Adăugați ingredientele rămase și aduceți fierbe, amestecând. Peștele se pune înapoi în tigaie, se acoperă și se fierbe timp de 20 de minute.

Pește cu ananas

Porti 4

450 g/1 lb file de pește
2 cepe de primăvară (cepe), tocate
30 ml/2 linguri sos de soia
15 ml/1 lingura vin de orez sau sherry uscat
2,5 ml/¬Ω linguriță sare
2 oua, batute usor
15 ml/1 lingură făină de porumb (amidon de porumb)
45 ml/3 linguri ulei de arahide (arahide).
225 g/8 oz bucăți de ananas conservate în suc

Tăiați peștele în fâșii de 2,5 cm/1 în contra boabe și puneți-l într-un castron. Adăugați ceapa primăvară, sosul de soia, vinul sau sherry și sare, amestecați bine și lăsați să stea 30 de minute. Scurgeți peștele, aruncând marinada. Bateți ouăle și făina de porumb până la un aluat și scufundați peștele în aluat pentru a se acoperi, scurgând orice exces. Încinge uleiul și prăjește peștele până se rumenește ușor pe ambele părți. Reduceți focul și continuați să gătiți până se înmoaie. Între timp, amestecați 60 ml/4 linguri de suc de ananas cu aluatul rămas și bucățile de ananas. Se pune intr-o tigaie la foc mic si se fierbe pana se incinge, amestecand continuu. Aranjați

pește fiert pe o farfurie de servire încălzită și turnați peste sos pentru a servi.

Rulouri de pește cu carne de porc

Porti 4

450 g/1 lb file de pește

100 g/4 oz carne de porc fiartă, tocată (măcinată)

30 ml/2 linguri vin de orez sau sherry uscat

15 ml/1 lingura zahar

ulei pentru prăjire

120 ml/4 fl oz/¬Ω cană de stoc de pește

3 cepe de primăvară (cepe), tocate

1 felie rădăcină de ghimbir, tocată

15 ml/1 lingura sos de soia

15 ml/1 lingură făină de porumb (amidon de porumb)

45 ml/3 linguri apă

Tăiați peștele în pătrate de 9 cm/3¬Ω. Amestecați carnea de porc cu vinul sau sherry și jumătate din zahăr, întindeți peste pătratele de pește, rulați-le și fixați-le cu sfoară. Se încălzește uleiul și se prăjește peștele până se rumenește. Scurgeți pe hârtie de bucătărie. Între timp, încălziți bulionul și adăugați ceapa primăvară, ghimbirul, sosul de soia și zahărul rămas. Se aduce la fierbere și se fierbe timp de 4 minute. Se amestecă făina de porumb și apa până la o pastă, se amestecă în tigaie și se fierbe, amestecand, pana cand sosul se limpezeste si se ingroasa. Se toarna peste peste si se serveste imediat.

Pește în vin de orez

Porti 4

400 ml/14 fl oz/1¬œ cani de vin de orez sau sherry uscat

120 ml/4 fl oz/¬Ω cană de apă

30 ml/2 linguri sos de soia

5 ml/1 lingurita zahar

sare si piper proaspat macinat

10 ml/2 lingurițe de făină de porumb (amidon de porumb)

15 ml/1 lingura de apa

450 g/1 lb file de cod

5 ml/1 linguriță ulei de susan

2 cepe de primăvară (cepe), tocate

Aduceți la fiert vinul, apa, sosul de soia, zahărul, sare și piper și fierbeți până scade la jumătate. Se amestecă făina de porumb până la o pastă cu apa, se amestecă în tigaie și se fierbe, amestecând, timp de 2 minute. Se condimentează peștele cu sare și se stropește cu ulei de susan. Se adaugă în tigaie și se fierbe foarte ușor timp de aproximativ 8 minute până când se fierbe. Se serveste presarata cu ceapa primavara.

Pește rapid prăjit

Porti 4

450 g/1 lb file de cod, tăiate fâșii

sare

sos de soia

ulei pentru prăjire

Stropiți peștele cu sare și sos de soia și lăsați să stea 10 minute. Se încălzește uleiul și se prăjește peștele câteva minute până devine ușor auriu. Se scurge pe hartie de bucatarie si se presara generos cu sos de soia inainte de servire.

Pește din semințe de susan

Porti 4

450 g/1 lb file de pește, tăiate fâșii

1 ceapa, tocata

2 felii rădăcină de ghimbir, tocată

120 ml/4 fl oz/½ cană de vin de orez sau sherry uscat

10 ml/2 lingurite de zahăr brun

2,5 ml/½ linguriță sare

1 ou, batut usor

15 ml/1 lingură făină de porumb (amidon de porumb)

45 ml/3 linguri făină simplă (universală).

60 ml/6 linguri de seminte de susan

ulei pentru prăjire

Puneți peștele într-un castron. Se amestecă ceapa, ghimbirul, vinul sau sherry, zahărul și sarea, se adaugă la pește și se lasă la marinat timp de 30 de minute, întorcându-le din când în când. Bateți oul, făina de porumb și făina pentru a face un aluat. Înmuiați peștele în aluat apoi apăsați în semințele de susan. Încinge uleiul și prăjește fâșiile de pește timp de aproximativ 1 minut până devin aurii și crocante.

Biluțe de pește la abur

Porti 4

450 g/1 lb tocat (măcinat) cod
1 ou, batut usor
1 felie rădăcină de ghimbir, tocată
2,5 ml/½ linguriță sare
praf de piper proaspat macinat
15 ml/1 lingură făină de porumb (amidon de porumb) 15 ml/1 lingură vin de orez sau sherry uscat

Se amestecă bine toate ingredientele și se formează bile de mărimea unei nuci. Pudrați cu puțină făină dacă este necesar. Aranjați într-un vas rezistent la cuptor.

Așezați vasul pe un grătar într-un cuptor cu abur, acoperiți și fierbeți la abur peste apă fierbinte ușor timp de aproximativ 10 minute până când este fiert.

Pește acru marinat

Porti 4

450 g/1 lb file de pește, tăiate în bucăți
1 ceapa, tocata
3 felii de rădăcină de ghimbir, tocate
5 ml/1 linguriță sos de soia
sare si piper proaspat macinat
30 ml/2 linguri faina de porumb (amidon de porumb)
ulei pentru prăjire
sos dulce-acru

Puneți peștele într-un castron. Amestecați ceapa, ghimbirul, sosul de soia, sare și piper, adăugați peste pește, acoperiți și lăsați să stea 1 oră, întorcându-le din când în când. Scoateți peștele din marinadă și pudrați cu făină de porumb. Se încălzește uleiul și se prăjește peștele până devine crocant și auriu. Se scurge pe hartie de bucatarie si se aranjeaza pe un platou de servire incalzit. Intre timp se pregateste sosul si se toarna peste pestele pentru servire.

Pește cu sos de oțet

Porți 4

450 g/1 lb file de pește, tăiate fâșii
sare si piper proaspat macinat
1 albus de ou, batut usor
45 ml/3 linguri faina de porumb (amidon de porumb)
15 ml/1 lingura vin de orez sau sherry uscat
ulei pentru prăjire
250 ml/8 fl oz/1 cană bulion de pește
15 ml/1 lingura de zahar brun
15 ml/1 lingura otet de vin
2 felii de rădăcină de ghimbir, tocată
2 cepe de primăvară (cepe), tocate

Condimentam pestele cu putina sare si piper. Bate albusul cu 30 ml/2 linguri de faina de porumb si vinul sau sherry. Se aruncă peștele în aluat până se îmbracă. Se încălzește uleiul și se prăjește peștele câteva minute până se rumenește. Scurgeți pe hârtie de bucătărie.

Între timp, aduceți la fiert bulionul, zahărul și oțetul de vin. Adăugați ghimbirul și ceapa primăvară și fierbeți timp de 3 minute. Amestecați făina de porumb rămasă într-o pastă cu puțină apă, amestecați-o

în tigaie și fierbeți, amestecând, până când sosul se limpezește și se îngroașă. Se toarna peste peste pentru a servi.

Anghilă prăjită

Porti 4

450 g/1 lb eel
250 ml/8 fl oz/1 cană ulei de arahide (arahide).
30 ml/2 linguri sos de soia închis
30 ml/2 linguri vin de orez sau sherry uscat
15 ml/1 lingura de zahar brun
strop de ulei de susan

Jupuiți anghila și tăiați-o în bucăți. Se încălzește uleiul și se prăjește anghila până devine aurie. Scoateți din tigaie și scurgeți. Se toarnă tot, cu excepția 30 ml/2 linguri de ulei. Reincalzeste uleiul si adauga sosul de soia, vinul sau sherry si zaharul. Se încălzește apoi se adaugă anghila și se prăjește până când anghila este bine acoperită și aproape tot lichidul s-a evaporat. Stropiți cu ulei de susan și serviți.

Anghilă Fiartă Sec

Porți 4

5 ciuperci chinezești uscate

3 cepe de primăvară (cepe)

30 ml/2 linguri ulei de arahide (arahide).

20 catei de usturoi

6 felii de rădăcină de ghimbir

10 castane de apă

900 g/2 lb anghilă

30 ml/2 linguri sos de soia

15 ml/1 lingura de zahar brun

15 ml/1 lingura vin de orez sau sherry uscat

450 ml/¬œ pt/2 căni de apă

15 ml/1 lingură făină de porumb (amidon de porumb)

45 ml/3 linguri apă

5 ml/1 linguriță ulei de susan

Înmuiați ciupercile în apă caldă timp de 30 de minute, apoi scurgeți și aruncați tulpinile. Tăiați 1 ceapă primăvară în bucăți și tocați-o pe cealaltă. Se incinge uleiul si se prajesc ciupercile, bucatele de ceapa primavara, usturoiul, ghimbirul si castanele timp de 30 de secunde. Adăugați anghilele și prăjiți timp de 1 minut. Adăugați sosul de soia, zahărul, vinul sau

sherry și apă, aduceți la fierbere, acoperiți și fierbeți ușor timp de 1¬Ω ore, adăugând puțină apă în timpul gătirii dacă este necesar. Amestecați făina de porumb și apa până la o pastă, amestecați în tigaie și fierbeți, amestecând, până când sosul se îngroașă. Se serveste stropita cu ulei de susan si ceapa primavara tocata.

Eel cu telina

Porti 4

350 g/12 oz eel
6 tulpini de telina
30 ml/2 linguri ulei de arahide (arahide).
2 cepe de primăvară (cepe), tocate
1 felie rădăcină de ghimbir, tocată
30 ml/2 linguri apă
5 ml/1 lingurita zahar
5 ml/1 linguriță vin de orez sau sherry uscat
5 ml/1 linguriță sos de soia
piper proaspăt măcinat
30 ml/2 linguri pătrunjel proaspăt tocat

Jupuiți și tăiați eelul în fâșii. Tăiați țelina fâșii. Încinge uleiul și prăjește ceapa primăvară și ghimbirul timp de 30 de secunde. Adăugați anghila și prăjiți timp de 30 de secunde. Adăugați țelina și prăjiți timp de 30 de secunde. Adăugați jumătate din apă, zahărul, vinul sau sherry, sosul de soia și piperul. Aduceți la fierbere și fierbeți câteva minute până când țelina este doar fragedă, dar încă crocantă și lichidul s-a redus. Se serveste presarat cu patrunjel.

Ardei umpluți cu eglefin

Porti 4

225 g/8 oz file de eglefin, tocate (măcinate)
100 g/4 oz creveți decojiți, tocați (măcinați)
1 ceapă de primăvară (ceapă), tocată
2,5 ml/½ linguriță sare
piper
4 ardei verzi
45 ml/3 linguri ulei de arahide (arahide).
120 ml/4 fl oz/½ cană bulion de pui
10 ml/2 lingurițe de făină de porumb (amidon de porumb)
5 ml/1 linguriță sos de soia

Amestecați eglefinul, creveții, ceapa primăvară, sare și piper. Tăiați tulpina ardeilor și ridicați centrul. Umpleți ardeii cu amestecul de fructe de mare. Se incinge uleiul si se adauga ardeii si supa. Aduceți la fierbere, acoperiți și fierbeți timp de 15 minute. Transferați ardeii pe o farfurie de servire încălzită. Se amestecă făina de porumb, sosul de soia și puțină apă și se amestecă în tigaie. Se aduce la fierbere și se fierbe, amestecând, până când sosul se limpezește și se îngroașă.

Eglefin în sos de fasole neagră

Porti 4

15 ml/1 lingura ulei de arahide (arahide).
2 catei de usturoi, macinati
1 felie rădăcină de ghimbir, tocată
15 ml/1 lingura sos de fasole neagra
2 cepe, tăiate felii
1 baton de telina, feliata
450 g/1 lb file de eglefin
15 ml/1 lingura sos de soia
15 ml/1 lingura vin de orez sau sherry uscat
250 ml/8 fl oz/1 cană supă de pui

Încinge uleiul și prăjește usturoiul, ghimbirul și sosul de fasole neagră până se rumenesc ușor. Se adaugă ceapa și țelina și se prăjesc timp de 2 minute. Adăugați eglefinul și prăjiți aproximativ 4 minute pe fiecare parte sau până când peștele este fiert. Adăugați sosul de soia, vinul sau sherry și supa de pui, aduceți la fierbere, acoperiți și fierbeți timp de 3 minute.

Pește în sos brun

Porti 4

4 eglefin sau pește asemănător
45 ml/3 linguri ulei de arahide (arahide).
2 cepe de primăvară (cepe), tocate
2 felii de rădăcină de ghimbir, tocate
5 ml/1 linguriță sos de soia
2,5 ml/¬Ω linguriță oțet de vin
2,5 ml/¬Ω linguriță vin de orez sau sherry uscat
2,5 ml/¬Ω linguriță zahăr
piper proaspăt măcinat
2,5 ml/¬Ω linguriță ulei de susan

Tăiați peștele și tăiați-l în bucăți mari. Încinge uleiul și prăjește ceapa primăvară și ghimbirul timp de 30 de secunde. Adăugați peștele și prăjiți până se rumenește ușor pe ambele părți. Adăugați sosul de soia, oțetul de vin, vinul sau sherry, zahărul și piperul și fierbeți timp de 5 minute până când sosul devine gros. Se serveste stropita cu ulei de susan.

Pește cu cinci condimente

Porti 4

450 g/1 lb file de eglefin
5 ml/1 linguriță pudră cu cinci condimente
5 ml/1 lingurita sare
30 ml/2 linguri ulei de arahide (arahide).
2 catei de usturoi, macinati
2 felii rădăcină de ghimbir, tocată
30 ml/2 linguri vin de orez sau sherry uscat
15 ml/1 lingura sos de soia
10 ml/2 lingurite ulei de susan

Frecați fileurile de eglefin cu pudra cu cinci condimente și sare. Se incinge uleiul si se prajeste pestele pana se rumeneste usor pe ambele parti apoi se scoate din tigaie. Adăugați usturoiul, ghimbirul, vinul sau sherry, sosul de soia și uleiul de susan și prăjiți timp de 1 minut. Întoarceți peștele în tigaie și fierbeți ușor până când peștele este fraged.

Eglefin cu usturoi

Porti 4

450 g/1 lb file de eglefin
5 ml/1 lingurita sare
30 ml/2 linguri faina de porumb (amidon de porumb)
60 ml/4 linguri ulei de arahide (arahide).
6 catei de usturoi
2 felii de rădăcină de ghimbir, zdrobite
45 ml/3 linguri apă
30 ml/2 linguri sos de soia
15 ml/1 lingură sos de fasole galbenă
15 ml/1 lingura vin de orez sau sherry uscat
15 ml/1 lingura de zahar brun

Se presară eglefinul cu sare și se pudrează cu făină de porumb. Se încălzește uleiul și se prăjește peștele până se rumenește pe ambele părți, apoi se scoate din tigaie. Adăugați usturoiul și ghimbirul și prăjiți timp de 1 minut. Adăugați ingredientele rămase, aduceți la fierbere, acoperiți și fierbeți timp de 5 minute. Peștele se pune înapoi în tigaie, se acoperă și se fierbe până se înmoaie.

Pește iute-condimentat

Porti 4

450 g/1 lb file de eglefin, tăiate cubulețe
suc de 1 lămâie
30 ml/2 linguri sos de soia
30 ml/2 linguri sos de stridii
15 ml/1 lingură coajă de lămâie rasă
un praf de ghimbir macinat
sare si piper
2 albusuri
45 ml/3 linguri faina de porumb (amidon de porumb)
6 ciuperci chinezești uscate
ulei pentru prăjire
5 cepe de primăvară (cepe), tăiate fâșii
1 baton de telina, taiata fasii
100 g/4 oz muguri de bambus, tăiați în fâșii
250 ml/8 fl oz/1 cană supă de pui
5 ml/1 linguriță pudră cu cinci condimente

Puneți peștele într-un bol și stropiți cu zeamă de lămâie. Amestecați sosul de soia, sosul de stridii, coaja de lămâie, ghimbirul, sare, piper, albușurile de ou și toate, cu excepția a 5 ml/1 linguriță de făină de porumb. Părăsi

la marinat timp de 2 ore, amestecand din cand in cand. Înmuiați ciupercile în apă caldă timp de 30 de minute, apoi scurgeți-le. Aruncați tulpinile și tăiați capacele. Se incinge uleiul si se prajeste pestele cateva minute pana devine auriu. Scoateți din tigaie. Adăugați legumele și prăjiți până sunt fragede, dar încă crocante. Se toarnă uleiul. Se amestecă bulionul de pui cu făina de porumb rămasă, se adaugă la legume și se aduce la fierbere. Peștele se pune înapoi în tigaie, se asezonează cu pudră de cinci condimente și se încălzește înainte de servire.

Ginger Haddock cu Pak Soi

Porti 4

450 g/1 lb file de eglefin

sare si piper

225 g/8 oz pak soi

30 ml/2 linguri ulei de arahide (arahide).

1 felie radacina de ghimbir, tocata

1 ceapa, tocata

2 ardei iute roșu uscat

5 ml/1 linguriță miere

10 ml/2 lingurite ketchup de roșii (catsup)

10 ml/2 lingurițe oțet de malț

30 ml/2 linguri vin alb sec

10 ml/2 lingurite sos de soia

10 ml/2 lingurite sos de peste

10 ml/2 lingurite sos de stridii

5 ml/1 linguriță pastă de creveți

Jupuiți eglefinul apoi tăiați în bucăți de 2 cm/ ¬æ. Se presară cu sare și piper. Tăiați varza în bucăți mici. Încinge uleiul și prăjește ghimbirul și ceapa timp de 1 minut. Adăugați varza și ardeiul iute și prăjiți timp de 30 de secunde. Adăugați mierea, roșia ketchup, oțet și vin. Adăugați eglefinul și fierbeți timp de 2 minute. Se amestecă sosurile de soia, pește și stridii și pasta de creveți și se fierbe ușor până când eglefinul este gătit.

Pleturi de eglefin

Porti 4

450 g/1 lb file de eglefin, decojite

sare

5 ml/1 linguriță pudră cu cinci condimente

suc de 2 lămâi

5 ml/1 linguriță de anason, măcinată

5 ml/1 lingurita piper proaspat macinat

30 ml/2 linguri sos de soia

30 ml/2 linguri sos de stridii

15 ml/1 lingura miere

60 ml/4 linguri arpagic tocat

8,10 frunze de spanac

45 ml/3 linguri otet de vin

Tăiați peștele în fâșii lungi și subțiri și modelați în plete, stropiți cu sare, pudră de cinci condimente și zeamă de lămâie și transferați într-un bol. Amestecați anasonul, ardeiul, sosul de soia, sosul de stridii, mierea și arpagicul, turnați peste pește și lăsați la marinat cel puțin 30 de minute. Tapetați coșul de abur cu frunzele de spanac, așezați pletele deasupra, acoperiți și fierbeți la abur peste apă clocotită ușor cu oțet timp de aproximativ 25 de minute.

Rulate de pește la abur

Porti 4

450 g/1 lb file de eglefin, decojite și tăiate cubulețe
suc de 1 lămâie
30 ml/2 linguri sos de soia
30 ml/2 linguri sos de stridii
30 ml/2 linguri sos de prune
5 ml/1 linguriță vin de orez sau sherry uscat
sare si piper
6 ciuperci chinezești uscate
100 g/4 oz muguri de fasole
100 g/4 oz mazăre verde
50 g/2 oz/¬Ω cană nuci, tocate
1 ou, batut
30 ml/2 linguri faina de porumb (amidon de porumb)
225 g/8 oz varză chinezească, albită

Puneți peștele într-un castron. Amestecați sucul de lămâie, sosurile de soia, de stridii și prune, vinul sau sherry și sare și piper. Se toarna peste peste si se lasa la marinat 30 de minute. Adăugați legumele, nucile, oul și făina de porumb și amestecați bine. Așezați 3 frunze chinezești una peste alta, puneți cu lingură puțin amestecul de pește

și se rostogolește. Continuați până se epuizează toate ingredientele. Așezați rulourile într-un coș de abur, acoperiți și gătiți peste apă fierbinte timp de 30 de minute.

Halibut cu sos de rosii

Porti 4

450 g/1 lb file de halibut

sare

15 ml/1 lingura sos de fasole neagra

1 cățel de usturoi, zdrobit

2 cepe de primăvară (cepe), tocate

2 felii rădăcină de ghimbir, tocată

15 ml/1 lingura vin de orez sau sherry uscat

15 ml/1 lingura sos de soia

200 g/7 oz roșii conservate, scurse

30 ml/2 linguri ulei de arahide (arahide).

Se presară halibutul generos cu sare și se lasă să stea 1 oră. Clătiți de sare și uscați. Puneți peștele într-un vas rezistent la cuptor și stropiți cu sosul de fasole neagră, usturoi, ceapă primăvară, ghimbir, vin sau sherry, sos de soia și roșii. Pune vasul pe un grătar într-un cuptor cu abur, acoperă și fierbe 20 de minute peste apă clocotită până când peștele este fiert. Încinge uleiul până aproape afumat și presară peste pește înainte de servire.

Monkfish cu Broccoli

Porti 4

450 g/1 lb coadă de monk, tăiată cubulețe
sare si piper
45 ml/3 linguri ulei de arahide (arahide).
50 g/2 oz ciuperci, feliate
1 morcov mic, tăiat fâșii
1 cățel de usturoi, zdrobit
2 felii rădăcină de ghimbir, tocată
45 ml/3 linguri apă
275 g/10 oz buchete de broccoli
5 ml/1 lingurita zahar
5 ml/1 lingurita faina de porumb (amidon de porumb)
45 ml/3 linguri apă

Se condimentează bine mocheta cu sare și piper. Se încălzesc 30 ml/2 linguri de ulei și se prăjesc mocheta, ciupercile, morcovul, usturoiul și ghimbirul până se rumenesc ușor. Se adaugă apa și se fierbe în continuare, neacoperit, la foc mic. Între timp, se fierbe broccoli în apă clocotită până când se înmoaie, apoi se scurge bine. Se încălzeşte uleiul rămas şi se prăjeşte broccoli şi zahărul cu un praf de sare până când broccoli este bine acoperit cu ulei. Aranjaţi în jurul unui încălzit

farfurie de servire. Se amestecă făina de porumb şi apa până la o pastă, se amestecă în peşte şi se fierbe, amestecând, până când sosul se îngroaşă. Se toarnă peste broccoli şi se serveşte deodată.

Chefin cu sos gros de soia

Porti 4

1 barbun

ulei pentru prăjire

30 ml/2 linguri ulei de arahide (arahide).

2 cepe de primăvară (cepe), tăiate felii

2 felii de rădăcină de ghimbir, mărunțite

1 ardei iute roșu, mărunțit

250 ml/8 fl oz/1 cană bulion de pește

15 ml/1 lingura sos de soia gros

15 ml/1 lingură alb proaspăt măcinat

piper

15 ml/1 lingura vin de orez sau sherry uscat

Tăiați peștele și marcați-l în diagonală pe fiecare parte. Încinge uleiul și prăjește peștele până când este pe jumătate fiert. Scoateți din ulei și scurgeți bine. Se încălzește uleiul și se prăjește ceapa primăvară, ghimbirul și ardeiul iute timp de 1 minut. Adăugați ingredientele rămase, amestecați bine și aduceți la fiert. Adăugați peștele și fierbeți ușor, neacoperit, până când peștele este fiert și lichidul aproape s-a evaporat.

West Lake Fish

Porti 4

1 chefal

30 ml/2 linguri ulei de arahide (arahide).

4 cepe de primăvară (cepe), mărunțite

1 ardei iute rosu, tocat

4 felii rădăcină de ghimbir, mărunțite

45 ml/3 linguri zahăr brun

30 ml/2 linguri otet de vin rosu

30 ml/2 linguri apă

30 ml/2 linguri sos de soia

piper proaspăt măcinat

Curățați și tăiați peștele și faceți 2 sau 3 tăieturi în diagonală pe fiecare parte. Se încălzește uleiul și se prăjește jumătate din ceapa primăvară, ardeiul iute și ghimbirul timp de 30 de secunde. Adăugați peștele și prăjiți până se rumenește ușor pe ambele părți. Adăugați zahărul, oțetul de vin, apa, sosul de soia și piperul, aduceți la fiert, acoperiți și fierbeți timp de aproximativ 20 de minute până când peștele este fiert și sosul s-a redus. Se servesc ornat cu ceapa primavara ramasa.

Câmburea prăjită

Porti 4

4 fileuri de platica
sare si piper proaspat macinat
30 ml/2 linguri ulei de arahide (arahide).
1 felie rădăcină de ghimbir, tocată
1 cățel de usturoi, zdrobit
frunze de salata verde

Asezonați generos cambula cu sare și piper. Încinge uleiul și prăjește ghimbirul și usturoiul timp de 20 de secunde. Adăugați peștele și prăjiți până când este fiert și devine maro auriu. Se scurge bine si se serveste pe un pat de salata verde.

Cambulă la abur cu ciuperci chinezești

Porti 4

4 ciuperci chinezești uscate
450 g/1 lb file de platici, tăiate cuburi
1 cățel de usturoi, zdrobit
1 felie rădăcină de ghimbir, tocată
15 ml/1 lingura sos de soia
15 ml/1 lingura vin de orez sau sherry uscat
5 ml/1 lingurita zahar brun
350 g/12 oz orez cu bob lung gătit

Înmuiați ciupercile în apă caldă timp de 30 de minute, apoi scurgeți-le. Aruncați tulpinile și tăiați capacele. Amestecați cu platica, usturoiul, ghimbirul, sosul de soia, vinul sau sherry și zahărul, acoperiți și lăsați la marinat 1 oră. Pune orezul într-un cuptor cu abur și aranjează peștele deasupra. Se fierbe la abur aproximativ 30 de minute până când peștele este fiert.

Cambulă cu usturoi

Porti 4

350 g/12 oz file de câmbică

sare

45 ml/3 linguri faina de porumb (amidon de porumb)

1 ou, batut

60 ml/4 linguri ulei de arahide (arahide).

3 catei de usturoi, tocati

4 cepe de primăvară (cepe), tocate

15 ml/1 lingura vin de orez sau sherry uscat

5 ml/1 linguriță ulei de susan

Curața de jupuit și tăiați-o fâșii. Se presară cu sare și se lasă să stea 20 de minute. Pudrați peștele cu făină de porumb apoi scufundați-l în ou. Încinge uleiul și prăjește fâșiile de pește timp de aproximativ 4 minute până se rumenesc. Scoatem din tava si scurgem pe hartie de bucatarie. Se toarnă toate, cu excepția 5 ml/1 linguriță de ulei din tigaie și se adaugă ingredientele rămase. Se aduce la fierbere, amestecând, apoi se fierbe timp de 3 minute. Se toarna peste peste si se serveste imediat.

Cambulă cu sos de ananas

Porti 4

450 g/1 lb file de platici
5 ml/1 lingurita sare
30 ml/2 linguri sos de soia
200 g/7 oz bucăți de ananas conservate
2 oua, batute
100 g/4 oz/¬Ω cană de făină de porumb (amidon de porumb)
ulei pentru prăjire
30 ml/2 linguri apă
5 ml/1 linguriță ulei de susan

Tăiați cambula fâșii și puneți-o într-un castron. Stropiți cu sare, sos de soia și 30 ml/2 linguri de suc de ananas și lăsați să stea 10 minute. Bateți ouăle cu 45 ml/3 linguri de făină de porumb până la un aluat și scufundați peștele în aluat. Se încălzește uleiul și se prăjește peștele până se rumenește. Scurgeți ardeiul de bucătărie. Puneți sucul de ananas rămas într-o cratiță mică. Se amestecă 30 ml/2 linguri de făină de porumb cu apa și se amestecă în tigaie. Se aduce la fierbere și se fierbe, amestecând, până se îngroașă. Adăugați jumătate din bucățile de ananas și încălziți. Chiar înainte de servire, amestecați uleiul de susan. Aranjați peștele fiert pe o porție încălzită

farfurie si ornat cu ananasul rezervat. Se toarnă peste sosul iute și se servește deodată.

Somon cu tofu

Porti 4

120 ml/4 fl oz/¬Ω cană ulei de arahide (arahide).

450 g/1 lb tofu, cuburi

2,5 ml/¬Ω linguriță ulei de susan

100 g/4 oz file de somon, tocat

strop de sos chilli

250 ml/8 fl oz/1 cană bulion de pește

15 ml/1 lingură făină de porumb (amidon de porumb)

45 ml/3 linguri apă

2 cepe de primăvară (cepe), tocate

Încinge uleiul și prăjește tofu până se rumenește ușor. Scoateți din tigaie. Reîncălziți uleiul și uleiul de susan și prăjiți sosul de somon și chilli timp de 1 minut. Adăugați bulionul, aduceți la fierbere, apoi puneți tofu-ul înapoi în tigaie. Se fierbe usor, neacoperit, pana cand ingredientele sunt fierte si lichidul s-a redus. Amestecați făina de porumb și apa până la o pastă. Se amestecă puțin câte una și se fierbe, amestecând, până când amestecul se îngroașă. Este posibil să nu aveți nevoie de toată pasta de făină de porumb dacă ați lăsat lichidul să se reducă.

Transferați pe o farfurie de servire încălzită și stropiți cu ceapa primăvară.

Pește marinat prăjit

Porti 4

450 g/1 lb șprot sau alți pești mici, curățați
3 felii de rădăcină de ghimbir, tocate
120 ml/4 fl oz/¬Ω cană sos de soia
15 ml/1 lingura vin de orez sau sherry uscat
1 cuișoare de anason stelat
ulei pentru prăjire
15 ml/1 lingura ulei de susan

Puneți peștele într-un castron. Se amestecă ghimbirul, sosul de soia, vinul sau sherry și anasonul, se toarnă peste pește și se lasă să stea 1 oră, întorcându-le din când în când. Scurgeți peștele, aruncând marinada. Se încălzește uleiul și se prăjește peștele în loturi până devine crocant și auriu. Se scurge pe hartie de bucatarie si se serveste stropita cu ulei de susan.

Pastrav cu Morcovi

Porti 4

15 ml/1 lingura ulei de arahide (arahide).
1 cățel de usturoi, zdrobit
1 felie rădăcină de ghimbir, tocată
4 păstrăvi
2 morcovi, tăiați fâșii
25 g/1 oz muguri de bambus, tăiați în fâșii
25 g/1 oz castane de apă, tăiate fâșii
15 ml/1 lingura sos de soia
15 ml/1 lingura vin de orez sau sherry uscat

Încinge uleiul și prăjește usturoiul și ghimbirul până se rumenesc ușor. Adăugați peștele, acoperiți și prăjiți până când peștele devine opac. Adăugați morcovii, lăstarii de bambus, castanele, sosul de soia și vinul sau sherry, amestecați cu grijă, acoperiți și fierbeți timp de aproximativ 5 minute.

Păstrăv Prăjit

Porti 4

4 pastravi, curatati si solziti
2 oua, batute
50 g/2 oz/¬Ω cană făină simplă (universală).
ulei pentru prăjire
1 lămâie, tăiată felii

Tăiați peștele în diagonală de câteva ori pe fiecare parte. Se scufundă în ouăle bătute apoi se amestecă în făină pentru a se acoperi complet. Scuturați orice exces. Se încălzește uleiul și se prăjește peștele timp de aproximativ 10 până la 15 minute, până când este fiert. Se scurge pe hartie de bucatarie si se serveste cu lamaie.

Pastrav cu sos de lamaie

Porti 4

450 ml/¬œ pt/2 cesti supa de pui

5 cm/2 în bucată pătrată coajă de lămâie

150 ml/¬° pt/generoasă ¬Ω cană suc de lămâie

90 ml/6 linguri zahăr brun

2 felii de rădăcină de ghimbir, tăiate fâşii

30 ml/2 linguri faina de porumb (amidon de porumb)

4 păstrăvi

375 g/12 oz/3 căni de făină simplă (universală).

175 ml/6 fl oz/¬œ cană de apă

ulei pentru prăjire

2 albusuri

8 cepe de primăvară (cepe), tăiate subţiri

Pentru a face sosul, amestecaţi bulionul, coaja şi sucul de lămâie, zahărul şi timp de 5 minute. Se ia de pe foc, se strecoară şi se întoarce în tigaie. Se amestecă făina de porumb cu puţină apă apoi se amestecă în tigaie. Se fierbe timp de 5 minute, amestecând des. Se ia de pe foc si se tine sosul cald.

Ungeți ușor peștele pe ambele părți cu puțină făină. Bateți făina rămasă cu apa și 10 ml/2 lingurițe ulei până se omogenizează. Bateți albușurile spumă până se întăresc, dar nu se usucă și pliați-le în aluat. Încinge uleiul rămas. Înmuiați peștele în aluat pentru a-l acoperi complet. Gătiți peștele aproximativ 10 minute, întorcându-l o dată, până când este fiert și devine auriu. Scurgeți pe hârtie de bucătărie. Aranjați peștele pe o farfurie de servire încălzită. Se amestecă ceapa primăvară în sosul cald, se toarnă peste pește și se servește imediat.

Ton chinezesc

Porti 4

30 ml/2 linguri ulei de arahide (arahide).

1 ceapa, tocata

200 g/7 oz conserva de ton, scurs și fulgi

2 tulpini de telina, tocate

100 g/4 oz ciuperci, tocate

1 ardei verde, tocat

250 ml/8 fl oz/1 cană stoc

30 ml/2 linguri sos de soia

100 g/4 oz tăiței cu ouă fine

sare

15 ml/1 lingură făină de porumb (amidon de porumb)

45 ml/3 linguri apă

Se incinge uleiul si se caleste ceapa pana se inmoaie. Adăugați tonul și amestecați până se îmbracă bine cu ulei. Adăugați țelina, ciupercile și ardeiul și prăjiți timp de 2 minute. Adăugați bulionul și sosul de soia, aduceți la fierbere, acoperiți și fierbeți timp de 15 minute. Între timp, fierbeți tăițeii în apă clocotită cu sare timp de aproximativ 5 minute până când sunt fragezi, apoi scurgeți bine și aranjați pe o porție încălzită.

farfurie. Amestecați făina de porumb și apa, amestecați amestecul în sosul de ton și fierbeți, amestecând, până când sosul se limpezește și se îngroașă.

Fripturi de pește marinate

Porti 4

4 fripturi de merlan sau eglefin
2 catei de usturoi, macinati
2 felii de rădăcină de ghimbir, zdrobite
3 cepe de primăvară (cepe), tocate
15 ml/1 lingura vin de orez sau sherry uscat
15 ml/1 lingura otet de vin
sare si piper proaspat macinat
45 ml/3 linguri ulei de arahide (arahide).

Puneți peștele într-un castron. Se amestecă usturoiul, ghimbirul, ceapa primăvară, vinul sau sherry, oțetul de vin, sare și piper, se toarnă peste pește, se acoperă și se lasă la marinat câteva ore. Scoateți peștele din marinadă. Se incinge uleiul si se prajeste pestele pana se rumeneste pe ambele parti apoi se scoate din tigaie. Adăugați marinada în tigaie, aduceți la fierbere, apoi puneți peștele înapoi în tigaie și fierbeți ușor până când este fiert.

Creveți cu migdale

Porti 4

100 g/4 oz migdale
225 g/8 oz creveți mari necurățați
2 felii rădăcină de ghimbir, tocată
15 ml/1 lingură făină de porumb (amidon de porumb)
2,5 ml/½ linguriță sare
30 ml/2 linguri ulei de arahide (arahide).
2 catei de usturoi
2 tulpini de telina, tocate
5 ml/1 linguriță sos de soia
5 ml/1 linguriță vin de orez sau sherry uscat
30 ml/2 linguri apă

Prăjiți migdalele într-o tigaie uscată până se rumenesc ușor apoi lăsați deoparte. Creveții se curăță de coajă, lăsându-i pe cozi și se taie în jumătate pe lungime până la coadă. Se amestecă cu ghimbirul, făina de porumb și sarea. Încinge uleiul și prăjește usturoiul până se rumenește ușor apoi aruncă usturoiul. Adăugați țelina, sosul de soia, vinul sau sherry și apă în tigaie și aduceți la fierbere. Adăugați creveții și prăjiți până se încălzesc. Se serveste presarata cu migdale prajite.

Creveți de anason

Porti 4

45 ml/3 linguri ulei de arahide (arahide).
15 ml/1 lingura sos de soia
5 ml/1 lingurita zahar
120 ml/4 fl oz/¬Ω cană de stoc de pește
un praf de anason macinat
450 g/1 lb creveți decojiți

Se încălzește uleiul, se adaugă sosul de soia, zahărul, bulionul și anasonul și se aduce la fierbere. Adăugați creveții și fierbeți câteva minute până când se încălzesc și se aromă.

Creveți cu sparanghel

Porti 4

450 g/1 lb sparanghel, tăiat în bucăți
45 ml/3 linguri ulei de arahide (arahide).
2 felii rădăcină de ghimbir, tocată
15 ml/1 lingura sos de soia
15 ml/1 lingura vin de orez sau sherry uscat
5 ml/1 lingurita zahar
2,5 ml/¬Ω lingurință sare
225 g/8 oz creveți decojiți

Se fierbe sparanghelul in apa clocotita timp de 2 minute apoi se scurge bine. Încinge uleiul și prăjește ghimbirul pentru câteva secunde. Se adauga sparanghelul si se amesteca pana se imbraca bine cu ulei. Adăugați sosul de soia, vinul sau sherry, zahărul și sarea și încălziți. Adaugati crevetii si amestecati la foc mic pana sparanghelul este fraged.

Creveți cu Bacon

Porti 4

450 g/1 lb creveți mari necurățați
100 g/4 oz slănină
1 ou, batut usor
2,5 ml/¬Ω linguriță sare
15 ml/1 lingura sos de soia
50 g/2 oz/¬Ω cană de făină de porumb (amidon de porumb)
ulei pentru prăjire

Curățați creveții, lăsând cozile intacte. Tăiați în jumătate pe lungime până la coadă. Tăiați slănina în pătrate mici. Apăsați o bucată de slănină în centrul fiecărui creveți și apăsați cele două jumătăți împreună. Bateți oul cu sarea și sosul de soia. Înmuiați creveții în ou apoi pudrați cu făină de porumb. Se încălzește uleiul și se prăjesc creveții până devin crocanți și aurii.

bile de creveți

Porti 4

3 ciuperci chinezești uscate
450 g/1 lb creveți, tocați mărunt
6 castane de apă, tocate mărunt
1 ceapă primăvară (ceapă), tocată fin
1 felie rădăcină de ghimbir, tocată mărunt
sare si piper proaspat macinat
2 oua, batute
15 ml/1 lingură făină de porumb (amidon de porumb)
50 g/2 oz/¬Ω cană făină simplă (universală).
ulei de arahide (arahide) pentru prăjire

Înmuiați ciupercile în apă caldă timp de 30 de minute, apoi scurgeți-le. Aruncați tulpinile și tăiați mărunt capacele. Se amestecă cu creveții, castanele de apă, ceapa primăvară și ghimbirul și se condimentează cu sare și piper. Amestecați 1 ou și 5 ml/1 linguriță rulou de făină de porumb în bile de dimensiunea unei lingurițe pline.

Bateți oul rămas, făina de porumb și făina și adăugați suficientă apă pentru a obține un aluat gros și neted. Rotiți bilele în aluat. Se încălzește uleiul și se prăjește câteva minute până se rumenește deschis.

Creveți la grătar

Porti 4

450 g/1 lb creveți mari decojiti

100 g/4 oz slănină

225 g/8 oz ficat de pui, feliate

1 cățel de usturoi, zdrobit

2 felii rădăcină de ghimbir, tocată

30 ml/2 linguri zahăr

120 ml/4 fl oz/¬Ω cană sos de soia

sare si piper proaspat macinat

Tăiați creveții pe lungime pe spate, fără a tăia direct şi aplatizați-i uşor. Tăiați slănina în bucăți şi puneți-o într-un castron cu creveții şi ficateii de pui. Amestecați ingredientele rămase, turnați peste creveți şi lăsați să stea 30 de minute. Aşezați creveții, baconul şi ficateii la frigărui şi apoi grătar sau grătar timp de aproximativ 5 minute, întorcându-le des, până când sunt fierte, ungeți ocazional cu marinada.

Creveți cu lăstari de bambus

Porti 4

60 ml/4 linguri ulei de arahide (arahide).

1 catel de usturoi, tocat

1 felie rădăcină de ghimbir, tocată

450 g/1 lb creveți decojiți

30 ml/2 linguri vin de orez sau sherry uscat

225 g/8 oz muguri de bambus

30 ml/2 linguri sos de soia

15 ml/1 lingură făină de porumb (amidon de porumb)

45 ml/3 linguri apă

Încinge uleiul și prăjește usturoiul și ghimbirul până se rumenesc ușor. Adăugați creveții și prăjiți timp de 1 minut. Adăugați vinul sau sherry și amestecați bine. Adăugați lăstarii de bambus și prăjiți timp de 5 minute. Adăugați ingredientele rămase și prăjiți timp de 2 minute.

Creveți cu muguri de fasole

Porti 4

4 ciuperci chinezești uscate
30 ml/2 linguri ulei de arahide (arahide).
1 cățel de usturoi, zdrobit
225 g/8 oz creveți decojiți
15 ml/1 lingura vin de orez sau sherry uscat
450 g/1 lb muguri de fasole
120 ml/4 fl oz/¬Ω cană bulion de pui
15 ml/1 lingura sos de soia
15 ml/1 lingură făină de porumb (amidon de porumb)
sare si piper proaspat macinat
2 ceapa primavara (cepe), tocate

Înmuiați ciupercile în apă caldă timp de 30 de minute, apoi scurgeți-le. Aruncați tulpinile și tăiați capacele. Încinge uleiul și prăjește usturoiul până se rumenește ușor. Adăugați creveții și prăjiți timp de 1 minut. Adăugați vinul sau sherry și prăjiți timp de 1 minut. Se amestecă ciupercile și mugurii de fasole. Amestecați bulionul, sosul de soia și făina de porumb și amestecați-l în tigaie. Se aduce la fierbere apoi se fierbe, amestecând, până când sosul se limpezește și se îngroașă. Se asezoneaza dupa gust cu sare si piper. Se serveste presarata cu ceapa primavara.

Creveți cu sos de fasole neagră

Porti 4

30 ml/2 linguri ulei de arahide (arahide).

5 ml/1 lingurita sare

1 cățel de usturoi, zdrobit

45 ml/3 linguri sos de fasole neagră

1 ardei verde, tocat

1 ceapa, tocata

120 ml/4 fl oz/¬Ω cană de stoc de pește

5 ml/1 lingurita zahar

15 ml/1 lingura sos de soia

225 g/8 oz creveți decojiți

15 ml/1 lingură făină de porumb (amidon de porumb)

45 ml/3 linguri apă

Se încălzește uleiul și se prăjește sarea, usturoiul și sosul de fasole neagră timp de 2 minute. Se adaugă ardeiul și ceapa și se prăjesc timp de 2 minute. Se adauga bulionul, zaharul si sosul de soia si se aduce la fierbere. Adăugați creveții și fierbeți timp de 2 minute. Se amestecă făina de porumb și apa până la o pastă, se adaugă în tigaie și se fierbe, amestecând, până când sosul se limpezește și se îngroașă.

Creveți cu țelină

Porti 4

45 ml/3 linguri ulei de arahide (arahide).
3 felii de rădăcină de ghimbir, tocate
450 g/1 lb creveți decojiți
5 ml/1 lingurita sare
15 ml/1 lingura sherry
4 tulpini de telina, tocate
100 g/4 oz migdale, tocate

Se încălzește jumătate din ulei și se prăjește ghimbirul până se rumenește ușor. Se adauga crevetii, sarea si sherry si se calesc pana se imbraca bine in ulei apoi se scot din tigaie. Se încălzește uleiul rămas și se prăjește țelina și migdalele timp de câteva minute până când țelina este doar fragedă, dar încă crocantă. Întoarceți creveții în tigaie, amestecați bine și încălziți înainte de servire.

Creveți prăjiți cu pui

Porti 4

30 ml/2 linguri ulei de arahide (arahide).

2 catei de usturoi, macinati

225 g/8 oz pui gătit, feliat subțire

100 g/4 oz muguri de bambus, feliați

100 g/4 oz ciuperci, feliate

75 ml/5 linguri supa de peste

225 g/8 oz creveți decojiți

225 g/8 oz mangetout (mazăre de zăpadă)

15 ml/1 lingură făină de porumb (amidon de porumb)

45 ml/3 linguri apă

Încinge uleiul și prăjește usturoiul până se rumenește ușor. Adăugați puiul, lăstarii de bambus și ciupercile și prăjiți până când sunt bine acoperite cu ulei. Adăugați bulionul și aduceți la fierbere. Adăugați creveții și mangeout, acoperiți și fierbeți timp de 5 minute. Se amestecă făina de porumb și apa până la o pastă, se amestecă în tigaie și se fierbe, amestecând, până când sosul se limpezește și se îngroașă. Serviți deodată.

Creveți Chilli

Porti 4

450 g/1 lb creveți decojiți

1 albus de ou

10 ml/2 lingurițe de făină de porumb (amidon de porumb)

5 ml/1 lingurita sare

60 ml/4 linguri ulei de arahide (arahide).

25 g/1 oz ardei iute roșu uscat, tăiat

1 cățel de usturoi, zdrobit

5 ml/1 lingurita piper proaspat macinat

15 ml/1 lingura sos de soia

5 ml/1 linguriță vin de orez sau sherry uscat

2,5 ml/¬Ω linguriță zahăr

2,5 ml/¬Ω linguriță oțet de vin

2,5 ml/¬Ω linguriță ulei de susan

Puneți creveții într-un bol cu albușul, făina de porumb și sare și lăsați la marinat 30 de minute. Încinge uleiul și prăjește ardeiul, usturoiul și ardeiul timp de 1 minut. Adăugați creveții și ingredientele rămase și prăjiți câteva minute până când creveții sunt încălziți și ingredientele sunt bine amestecate.

Creveți Chop Suey

Porti 4

60 ml/4 linguri ulei de arahide (arahide).

2 cepe de primăvară (cepe), tocate

2 catei de usturoi, macinati

1 felie radacina de ghimbir, tocata

225 g/8 oz creveți decojiți

100 g/4 oz mazăre congelată

100 g/4 oz ciuperci buton, tăiate la jumătate

30 ml/2 linguri sos de soia

15 ml/1 lingura vin de orez sau sherry uscat

5 ml/1 lingurita zahar

5 ml/1 lingurita sare

15 ml/1 lingură făină de porumb (amidon de porumb)

Se încălzesc 45 ml/3 linguri de ulei și se prăjesc ceapa primăvară, usturoiul și ghimbirul până se rumenesc ușor. Adăugați creveții și prăjiți timp de 1 minut. Scoateți din tigaie. Se încălzește uleiul rămas și se prăjește mazărea și ciupercile timp de 3 minute. Adăugați creveții, sosul de soia, vinul sau sherry, zahărul și sarea și prăjiți timp de 2 minute. Se amestecă făina de porumb cu puțină apă, se amestecă în tigaie și se fierbe, amestecând, până când sosul se limpezește și se îngroașă.

Creveți Chow Mein

Porti 4

450 g/1 lb creveți decojiți
15 ml/1 lingură făină de porumb (amidon de porumb)
15 ml/1 lingura sos de soia
15 ml/1 lingura vin de orez sau sherry uscat
4 ciuperci chinezești uscate
30 ml/2 linguri ulei de arahide (arahide).
5 ml/1 lingurita sare
1 felie rădăcină de ghimbir, tocată
100 g/4 oz varză chinezească, feliată
100 g/4 oz muguri de bambus, feliați
Taitei prajiti moi

Amestecați creveții cu făina de porumb, sosul de soia și vinul sau sherry și lăsați să stea, amestecând din când în când. Înmuiați ciupercile în apă caldă timp de 30 de minute, apoi scurgeți-le. Aruncați tulpinile și tăiați capacele. Încinge uleiul și prăjește sarea și ghimbirul timp de 1 minut. Adăugați varza și lăstarii de bambus și amestecați până când sunt acoperite cu ulei. Acoperiți și fierbeți timp de 2 minute. Se amestecă creveții și marinata și se prăjesc timp de 3 minute. Amestecați tăițeii scurți și încălziți înainte de servire.

Creveți cu Dovlecei și Lichi

Porti 4

12 creveți

sare si piper

10 ml/2 lingurite sos de soia

10 ml/2 lingurițe de făină de porumb (amidon de porumb)

15 ml/1 lingura ulei de arahide (arahide).

4 catei de usturoi, macinati

2 ardei iute roșii, tocați

225 g/8 oz dovlecei (dovlecel), tăiați cubulețe

2 cepe de primăvară (cepe), tocate

12 lychees, lapidați

120 ml/4 fl oz/¬Ω cană cremă de nucă de cocos

10 ml/2 lingurițe pudră de curry ușor

5 ml/1 lingurita sos de peste

Curățați creveții de coajă, lăsând-o pe cozi. Stropiți cu sare, piper și sos de soia apoi ungeți cu făină de porumb. Încinge uleiul și prăjește usturoiul, ardeiul iute și creveții timp de 1 minut. Se adaugă dovleceii, ceapa primăvară și litchiul și se prăjesc timp de 1 minut. Scoateți din tigaie. Se toarnă crema de cocos în tigaie, se aduce la fierbere și se fierbe timp de 2 minute până se îngroașă. Se amestecă curry

pudra si sos de peste si asezoneaza cu sare si piper. Întoarceți creveții și legumele în sos pentru a se încălzi înainte de servire.

Creveți cu Crab

Porti 4

45 ml/3 linguri ulei de arahide (arahide).
3 cepe de primăvară (cepe), tocate
1 rădăcină de ghimbir feliată, tocată
225 g/8 oz carne de crab
15 ml/1 lingura vin de orez sau sherry uscat
30 ml/2 linguri supa de pui sau peste
15 ml/1 lingura sos de soia
5 ml/1 lingurita zahar brun
5 ml/1 linguriță oțet de vin
piper proaspăt măcinat
10 ml/2 lingurițe de făină de porumb (amidon de porumb)
225 g/8 oz creveți decojiți

Se încălzesc 30 ml/2 linguri de ulei și se prăjesc ceapa primăvară și ghimbirul până se rumenesc ușor. Adăugați carnea de crab și prăjiți timp de 2 minute. Adauga vinul sau sherry, bulionul, sosul de soia, zaharul si otetul si asezoneaza dupa gust cu piper. Se prăjește timp de 3 minute. Se amestecă făina de porumb cu puțină apă și se amestecă în sos. Se fierbe, amestecand, pana se ingroasa sosul. Între timp, încălziți uleiul rămas într-o tigaie separată și prăjiți creveții pentru câțiva

minute până se încălzește. Aranjați amestecul de crabi pe o farfurie de servire încălzită și acoperiți cu creveții.

Creveți cu castraveți

Porti 4

225 g/8 oz creveți decojiți
sare si piper proaspat macinat
15 ml/1 lingură făină de porumb (amidon de porumb)
1 castravete
45 ml/3 linguri ulei de arahide (arahide).
2 catei de usturoi, macinati
1 ceapa, tocata marunt
15 ml/1 lingura vin de orez sau sherry uscat
2 felii rădăcină de ghimbir, tocată

Asezonați creveții cu sare și piper și amestecați cu făina de porumb. Curățați și sămânțati castraveții și tăiați-l în felii groase. Se încălzește jumătate din ulei și se prăjește usturoiul și ceapa până se rumenesc ușor. Se adauga crevetii si sherry si se calesc timp de 2 minute apoi se scot ingredientele din tigaie. Încinge uleiul rămas și prăjește ghimbirul timp de 1 minut. Adăugați castravetele și prăjiți timp de 2 minute. Întoarceți amestecul de creveți în tigaie și prăjiți până se amestecă bine și se încălzește.

Curry cu creveți

Porti 4

45 ml/3 linguri ulei de arahide (arahide).
4 cepe de primăvară (cepe), tăiate felii
30 ml/2 linguri praf de curry
2,5 ml/¬Ω linguriță sare
120 ml/4 fl oz/¬Ω cană bulion de pui
450 g/1 lb creveți decojiți

Se încălzește uleiul și se prăjește ceapa primăvară timp de 30 de secunde. Se adaugă praful de curry și sarea și se prăjește timp de 1 minut. Se adaugă bulionul, se aduce la fierbere și se fierbe, amestecând, timp de 2 minute. Adăugați creveții și încălziți ușor.

Curry cu creveți și ciuperci

Porti 4

5 ml/1 linguriță sos de soia
5 ml/1 linguriță vin de orez sau sherry uscat
225 g/8 oz creveți decojiți
30 ml/2 linguri ulei de arahide (arahide).
2 catei de usturoi, macinati
1 felie radacina de ghimbir, tocata marunt
1 ceapă, tăiată felii
100 g/4 oz ciuperci buton
100 g/4 oz mazăre proaspătă sau congelată
15 ml/1 lingură pudră de curry
15 ml/1 lingură făină de porumb (amidon de porumb)
150 ml/¬° pt/generoasa ¬Ω cana supa de pui

Amestecați sosul de soia, vinul sau sherry și creveții. Se incinge uleiul cu usturoiul si ghimbirul si se prajesc pana se rumenesc usor. Se adauga ceapa, ciupercile si mazarea si se caleste timp de 2 minute. Adăugați praful de curry și făina de porumb și prăjiți timp de 2 minute. Se amestecă treptat bulionul, se aduce la fierbere, se acoperă și se fierbe timp de 5 minute, amestecând din când în când. Adăugați creveții și marinata, acoperiți și fierbeți timp de 2 minute.

Creveți prăjiți

Porti 4

450 g/1 lb creveți decojiți
30 ml/2 linguri vin de orez sau sherry uscat
5 ml/1 lingurita sare
ulei pentru prăjire
sos de soia

Se aruncă creveții în vin sau sherry și se stropesc cu sare. Se lasă să stea 15 minute, apoi se scurge și se usucă. Încinge uleiul și prăjește creveții câteva secunde până devin crocante. Se serveste stropita cu sos de soia.

Creveți aluați prăjiți

Porti 4

50 g/2 oz/¬Ω cană făină simplă (universală).

2,5 ml/¬Ω linguriță sare

1 ou, batut usor

30 ml/2 linguri apă

450 g/1 lb creveți decojiți

ulei pentru prăjire

Bateți făina, sarea, oul și apa până la un aluat, adăugând puțină apă dacă este necesar. Se amestecă cu creveții până se îmbracă bine. Se încălzește uleiul și se prăjesc creveții câteva minute până devin crocante și aurii.

Găluște de creveți cu sos de roșii

Porti 4

900 g/2 lb creveți decojiți

450 g/1 lb tocat (măcinat) cod

4 oua, batute

50 g/2 oz/¬Ω cană de făină de porumb (amidon de porumb)

2 catei de usturoi, macinati

30 ml/2 linguri sos de soia

15 ml/1 lingura zahar

15 ml/1 lingura ulei de arahide (arahide).

Pentru sos:

30 ml/2 linguri ulei de arahide (arahide).

100 g/4 oz ceapă de primăvară (ceapă), tocată

100 g/4 oz ciuperci, tocate

100 g/4 oz sunca, tocata

2 tulpini de telina, tocate

200 g/7 oz rosii, decojite si tocate

300 ml/¬Ω pt/1¬° căni de apă

sare si piper proaspat macinat

15 ml/1 lingură făină de porumb (amidon de porumb)

Creveții se toacă mărunt și se amestecă cu codul. Se amestecă ouăle, făina de porumb, usturoiul, sosul de soia, zahărul și uleiul. Aduceți o cratiță mare cu apă la fiert și aruncați linguri de amestec în cratiță. Reveniți la fierbere și fierbeți câteva minute până când găluștele plutesc la suprafață. Scurgeți bine. Pentru a face sosul, încălziți uleiul și prăjiți ceapa primăvară până când se înmoaie, dar nu se rumenește. Se adauga ciupercile si se prajesc 1 minut apoi se adauga sunca, telina si rosiile si se prajesc 1 minut. Se adauga apa, se aduce la fiert si se condimenteaza cu sare si piper. Acoperiți și fierbeți timp de 10 minute, amestecând din când în când. Se amestecă făina de porumb cu puțină apă și se amestecă în sos. Se fierbe câteva minute, amestecând, până când sosul se limpezește și se îngroașă. Serviți cu găluște.

Creveți și cupe de ouă

Porti 4

15 ml/1 lingura ulei de susan
8 creveți decojiți
1 ardei iute rosu, tocat
2 cepe de primăvară (cepe), tocate
30 ml/2 linguri abalone tocat (optional)
8 ouă
15 ml/1 lingura sos de soia
sare si piper proaspat macinat
câteva crengute de pătrunjel cu frunze plate

Folosiți uleiul de susan pentru a unge 8 vase de ramekin. Puneți câte un creveți în fiecare fel de mâncare cu puțin ardei iute, ceapă primăvară și abalone, dacă folosiți. Spargeți un ou în fiecare bol și asezonați cu sos de soia, sare și piper. Puneți ramekins pe o foaie de copt și coaceți într-un cuptor preîncălzit la 200¬∞ C/400¬∞ F/marcă 6 timp de aproximativ 15 minute, până când ouăle sunt întărite și ușor crocante pe exterior. Ridicați-le cu grijă pe o farfurie de servire încălzită și ornat cu pătrunjel.

Rulouri cu ouă cu creveți

Porti 4

225 g/8 oz muguri de fasole

30 ml/2 linguri ulei de arahide (arahide).

4 tulpini de telina, tocate

100 g/4 oz ciuperci, tocate

225 g/8 oz creveți decojiți, tăiați

15 ml/1 lingura vin de orez sau sherry uscat

2,5 ml/¬Ω linguriță de făină de porumb (amidon de porumb)

2,5 ml/¬Ω linguriță sare

2,5 ml/¬Ω linguriță zahăr

12 rulouri de ouă

1 ou, batut

ulei pentru prăjire

Se albesc mugurii de fasole în apă clocotită timp de 2 minute, apoi se scurg. Se încălzește uleiul și se prăjește țelina timp de 1 minut. Adăugați ciupercile și prăjiți timp de 1 minut. Adăugați creveții, vinul sau sherry, făina de porumb, sarea și zahărul și prăjiți timp de 2 minute. Se lasa la racit.

Asezati putin din umplutura pe centrul fiecarei coaja si ungeti marginile cu ou batut. Îndoiți marginile apoi rulați rulada de ouă departe de dvs., sigilând marginile cu ou. Se încălzește uleiul și se prăjește până se rumenește.

Creveți în stilul Orientului Îndepărtat

Porti 4

16,20 de creveți cu coajă

suc de 1 lămâie

120 ml/4 fl oz/¬Ω cană de vin alb uscat

30 ml/2 linguri sos de soia

30 ml/2 linguri miere

15 ml/1 lingură coajă de lămâie rasă

sare si piper

45 ml/3 linguri ulei de arahide (arahide).

1 catel de usturoi, tocat

6 cepe de primăvară (cepe), tăiate fâșii

2 morcovi, tăiați fâșii

5 ml/1 linguriță pudră cu cinci condimente

5 ml/1 lingurita faina de porumb (amidon de porumb)

Se amestecă creveții cu sucul de lămâie, vinul, sosul de soia, mierea și coaja de lămâie și se condimentează cu sare și piper. Acoperiți și marinați timp de 1 oră. Încinge uleiul și prăjește usturoiul până se rumenește ușor. Adăugați legumele și prăjiți până când sunt fragede, dar încă crocante. Scurgeți creveții, adăugați-i în tigaie și prăjiți timp de 2 minute. Încordare marinada și amestecați-o cu pudra de cinci condimente și făina de porumb. Se adaugă în wok, se amestecă bine și se aduce la fierbere.

Creveți Foo Yung

Porti 4

6 oua, batute
45 ml/3 linguri faina de porumb (amidon de porumb)
225 g/8 oz creveți decojiți
100 g/4 oz ciuperci, feliate
5 ml/1 lingurita sare
2 cepe de primăvară (cepe), tocate
45 ml/3 linguri ulei de arahide (arahide).

Bateți ouăle apoi bateți făina de porumb. Adăugați toate ingredientele rămase, cu excepția uleiului. Se încălzeşte uleiul şi se toarnă amestecul în tigaie puțin câte una pentru a face clătite de aproximativ 7,5 cm/3 inci. Se prăjeşte până când fundul este auriu, apoi se întoarce şi se rumeneşte cealaltă parte.

Cartofi prăjiți cu creveți

Porti 4

12 creveți mari nefierți
1 ou, batut
30 ml/2 linguri faina de porumb (amidon de porumb)
vârf de cuțit de sare
praf de piper
3 felii de paine
1 gălbenuș de ou fiert tare (fiert tare), tocat
25 g/1 oz sunca fiarta, tocata
1 ceapă de primăvară (ceapă), tocată
ulei pentru prăjire

Scoateți cojile și venele din spate de pe creveți, lăsând cozile intacte. Tăiați spatele creveților cu un cuțit ascuțit și apăsați-i ușor. Bateți oul, făina de porumb, sarea și piperul. Aruncați creveții în amestec până când sunt complet acoperiți. Scoateți crusta de pe pâine și tăiați-o în sferturi. Așezați câte un creveți, tăiat în jos, pe fiecare bucată și apăsați în jos. Ungeți puțin amestec de ouă peste fiecare creveți apoi stropiți cu gălbenușul de ou, șunca și ceapa primăvară. Se încălzește uleiul și se prăjesc bucățile de pâine cu creveți în reprize până devin aurii. Se scurge pe hartie de bucatarie si se serveste fierbinte.

Creveți prăjiți în sos

Porti 4

75 g/3 oz/ceașă grămadă de făină de porumb (amidon de porumb)

¬Ω ou, bătut

5 ml/1 linguriță vin de orez sau sherry uscat

sare

450 g/1 lb creveți decojiți

45 ml/3 linguri ulei de arahide (arahide).

5 ml/1 linguriță ulei de susan

1 cățel de usturoi, zdrobit

1 felie rădăcină de ghimbir, tocată

3 cepe de primăvară (cepe), tăiate felii

15 ml/1 lingura supa de peste

5 ml/1 linguriță oțet de vin

5 ml/1 lingurita zahar

Amestecați făina de porumb, oul, vinul sau sherry și un praf de sare pentru a face un aluat. Înmuiați creveții în aluat, astfel încât să fie ușor acoperiți. Se incinge uleiul si se prajesc crevetii pana sunt crocante afara. Scoateți-le din tigaie și scurgeți uleiul.

Încălziți uleiul de susan în tigaie, adăugați creveții, usturoiul, ghimbirul și

ceapa primavara si se caleste timp de 3 minute. Se amestecă bulionul, oțetul de vin și zahărul, se amestecă bine și se încălzește înainte de servire.

Creveți poșați cu șuncă și tofu

Porti 4

30 ml/2 linguri ulei de arahide (arahide).

225 g/8 oz tofu, cuburi

600 ml/1 pt/2¬Ω cesti supa de pui

100 g/4 oz șuncă afumată, tăiată cubulețe

225 g/8 oz creveți decojiți

Încinge uleiul și prăjește tofu până se rumenește ușor. Scoateți din tigaie și scurgeți. Se încălzește bulionul, se adaugă tofu și șunca și se fierbe ușor timp de aproximativ 10 minute până când tofu-ul este fiert. Adăugați creveții și fierbeți încă 5 minute până se încălzesc. Serviți în boluri adânci.

Creveți în sos de homar

Porti 4

45 ml/3 linguri ulei de arahide (arahide).
2 catei de usturoi, macinati
5 ml/1 linguriță fasole neagră tocată
100 g/4 oz carne de porc tocată (măcinată).
450 g/1 lb creveți decojiți
15 ml/1 lingura vin de orez sau sherry uscat
300 ml/¬Ω pt/1¬° cani supa de pui
30 ml/2 linguri faina de porumb (amidon de porumb)
2 oua, batute
15 ml/1 lingura sos de soia
2,5 ml/¬Ω linguriță sare
2,5 ml/¬Ω linguriță zahăr
2 cepe de primăvară (cepe), tocate

Încinge uleiul și prăjește usturoiul și fasolea neagră până când usturoiul se rumenește ușor. Adăugați carnea de porc și prăjiți până se rumenește. Adăugați creveții și prăjiți timp de 1 minut. Adăugați sherry, acoperiți și fierbeți timp de 1 minut. Adăugați bulionul și făina de porumb, aduceți la fierbere, amestecând, acoperiți și fierbeți timp de 5 minute. Adăugați ouăle, amestecând tot timpul, astfel încât să se formeze fire. Adăugați soia

sos, sare, zahar si ceapa primavara si fierbeti cateva minute inainte de servire.

Abalone marinat

Porti 4

450 g/1 lb abalone conservat

45 ml/3 linguri sos de soia

30 ml/2 linguri otet de vin

5 ml/1 lingurita zahar

câteva picături de ulei de susan

Scurgeți abalonul și tăiați-l felii subțiri sau tăiați-l în fâșii. Se amestecă ingredientele rămase, se toarnă peste abalon și se amestecă bine. Acoperiți și lăsați la frigider pentru 1 oră.

Lăstari de bambus înăbușiți

Porti 4

60 ml/4 linguri ulei de arahide (arahide).
225 g/8 oz muguri de bambus, tăiați în fâșii
60 ml/4 linguri supa de pui
15 ml/1 lingura sos de soia
5 ml/1 lingurita zahar
5 ml/1 linguriță vin de orez sau sherry uscat

Se încălzește uleiul și se prăjesc lăstarii de bambus timp de 3 minute. Amestecați bulionul, sosul de soia, zahărul și vinul sau sherry și adăugați-l în tigaie. Acoperiți și fierbeți timp de 20 de minute. Se lasă la răcit și se răcește înainte de servire.

Pui cu castraveți

Porti 4

1 castravete, curatat de coaja si fara samburi
225 g/8 oz pui gătit, rupt în bucăți
5 ml/1 linguriță pudră de muștar
2,5 ml/½ linguriță sare
30 ml/2 linguri otet de vin

Tăiați castravetele fâșii și aranjați-l pe o farfurie plată de servire. Aranjați puiul deasupra. Se amestecă muștarul, sarea și oțetul de vin și se pune peste pui chiar înainte de servire.

Susan de pui

Porti 4

350 g/12 oz pui gătit
120 ml/4 fl oz/½ cană de apă
5 ml/1 linguriță pudră de muștar
15 ml/1 lingura de seminte de susan
2,5 ml/½ linguriță sare
praf de zahar
45 ml/3 linguri coriandru proaspăt tocat
5 cepe de primăvară (cepe), tocate
½ salată verde, mărunțită

Rupeți puiul în bucăți fine. Amestecați suficientă apă în muștar pentru a obține o pastă netedă și amestecați-o în pui. Prăjiți semințele de susan într-o tigaie uscată până devin ușor aurii, apoi adăugați-le la pui și stropiți cu sare și zahăr. Adăugați jumătate din pătrunjelul și ceapa primăvară și amestecați bine. Aranjați salata verde pe o farfurie de servire, acoperiți cu amestecul de pui și decorați cu pătrunjelul rămas.

Lichii cu ghimbir

Porti 4

1 pepene mare, tăiat la jumătate şi fără sămânţă
450 g/1 lb conserve de litchi, scurse
5 cm/2 în tulpină de ghimbir, feliat
câteva frunze de mentă

Umpleţi jumătăţile de pepene galben cu lychees şi ghimbir, decoraţi cu frunze de mentă. Răciţi înainte de servire.

Aripioare de pui gătite la roșu

Porti 4

8 aripioare de pui
2 cepe de primăvară (cepe), tocate
75 ml/5 linguri sos de soia
120 ml/4 fl oz/¬Ω cană de apă
30 ml/2 linguri zahăr brun

Tăiați și aruncați vârfurile osoase ale aripilor de pui și tăiați-le în jumătate. Se pune intr-o tigaie cu ingredientele ramase, se aduce la fiert, se acopera si se fierbe 30 de minute. Îndepărtați capacul și continuați să fierbeți încă 15 minute, unturând des. Se lasa la racit apoi se da la rece inainte de servire.

Carne de crab cu castraveți

Porti 4

100 g/4 oz carne de crab, fulgi
2 castraveți, curățați și mărunțiți
1 felie rădăcină de ghimbir, tocată
15 ml/1 lingura sos de soia
30 ml/2 linguri otet de vin
5 ml/1 lingurita zahar
câteva picături de ulei de susan

Puneți carnea de crab și castraveții într-un castron. Amestecați ingredientele rămase, turnați peste amestecul de carne de crab și amestecați bine. Acoperiți și lăsați la frigider timp de 30 de minute înainte de servire.

Ciuperci marinate

Porti 4

225 g/8 oz ciuperci buton
30 ml/2 linguri sos de soia
15 ml/1 lingura vin de orez sau sherry uscat
vârf de cuțit de sare
câteva picături de sos tabasco
câteva picături de ulei de susan

Se albesc ciupercile în apă clocotită timp de 2 minute, apoi se scurg și se usucă. Se aseaza intr-un bol si se toarna peste ingredientele ramase. Se amestecă bine și se răcește înainte de servire.

Ciuperci cu usuroi marinate

Porti 4

225 g/8 oz ciuperci buton
3 catei de usturoi, macinati
30 ml/2 linguri sos de soia
30 ml/2 linguri vin de orez sau sherry uscat
15 ml/1 lingura ulei de susan
vârf de cuțit de sare

Puneți ciupercile și usturoiul într-o strecurătoare, turnați peste apă clocotită și lăsați să stea 3 minute. Scurgeți și uscați bine. Se amestecă ingredientele rămase, se toarnă marinada peste ciuperci și se lasă la marinat 1 oră.

Creveți și conopidă

Porti 4

225 g/8 oz buchețe de conopidă
100 g/ 4 oz creveți decojiți
15 ml/1 lingura sos de soia
5 ml/1 linguriță ulei de susan

Fierbeți parțial conopida timp de aproximativ 5 minute până când se înmoaie, dar încă crocantă. Se amestecă cu creveții, se stropește cu sos de soia și ulei de susan și se amestecă. Răciți înainte de servire.

Bețișoare de șuncă de susan

Porti 4

225 g/8 oz șuncă, tăiată fâșii
10 ml/2 lingurite sos de soia
2,5 ml/¬Ω linguriță ulei de susan

Aranjați șunca pe o farfurie de servire. Se amestecă sosul de soia și uleiul de susan, se presară peste șuncă și se servește.

Tofu rece

Porti 4

450 g/1 lb tofu, feliat
45 ml/3 linguri sos de soia
45 ml/3 linguri ulei de arahide (arahide).
piper proaspăt măcinat

Se pune tofu, câte câteva felii o dată, într-o sită și se scufundă în apă clocotită timp de 40 de secunde apoi se scurge și se aranjează pe un platou de servire. Se lasa la racit. Amestecați sosul de soia și uleiul, presărați tofu și serviți presărat cu piper.

Pui cu Bacon

Porti 4

225 g/8 oz pui, feliate foarte subțire
75 ml/5 linguri sos de soia
15 ml/1 lingura vin de orez sau sherry uscat
1 cățel de usturoi, zdrobit
15 ml/1 lingura de zahar brun
5 ml/1 lingurita sare
5 ml/1 linguriță rădăcină de ghimbir tocată
225 g/8 oz slănină slabă, tăiată cubulețe
100 g/4 oz castane de apă, feliate foarte subțiri
30 ml/2 linguri miere

Pune puiul într-un castron. Amestecați 45 ml/3 linguri de sos de soia cu vinul sau sherry, usturoiul, zahărul, sare și ghimbirul, turnați peste pui și marinați aproximativ 3 ore. Așezați puiul, baconul și castanele pe frigaruile de kebab. Amestecați sosul de soia rămas cu mierea și ungeți kebab-urile. Grătiți (prăjiți) sub un grătar încins timp de aproximativ 10 minute până când sunt gătite, întorcându-le frecvent și ungeți cu mai multă glazură pe măsură ce se gătesc.

Pui și banane prăjite

Porti 4

2 piept de pui fierte
2 banane ferme
6 felii de paine
4 ouă
120 ml/4 fl oz/¬Ω cană de lapte
50 g/2 oz/¬Ω cană făină simplă (universală).
225 g/8 oz/4 căni de pesmet proaspăt
ulei pentru prăjire

Tăiați puiul în 24 de bucăți. Curățați bananele și tăiați-le în sferturi pe lungime. Tăiați fiecare sfert în treimi pentru a da 24 de bucăți. Tăiați crusta de pe pâine și tăiați-o în sferturi. Bateți ouăle și laptele și ungeți o parte a pâinii. Pune o bucată de pui și o bucată de banană pe partea acoperită cu ou a fiecărei bucăți de pâine. Ungeți pătratele ușor cu făină, apoi scufundați-le în ou și acoperiți cu pesmet. Se scufundă din nou în ou și pesmet. Încinge uleiul și prăjește câteva pătrate pe rând până se rumenesc. Scurgeți pe hârtie de bucătărie înainte de servire.

Pui cu ghimbir si ciuperci

Porti 4

225 g/8 oz file de piept de pui
5 ml/1 linguriță pudră cu cinci condimente
15 ml/1 lingură făină simplă (universală).
120 ml/4 fl oz/½ cană ulei de arahide (arahide).
4 eșalote, tăiate la jumătate
1 catel de usturoi, feliat
1 felie radacina de ghimbir, tocata
25 g/1 oz/¼ ceașcă nuci caju
5 ml/1 linguriță miere
15 ml/1 lingură făină de orez
75 ml/5 linguri vin de orez sau sherry uscat
100 g/4 oz ciuperci, tăiate în sferturi
2,5 ml/½ linguriță turmeric
6 ardei iute galbeni, tăiați la jumătate
5 ml/1 linguriță sos de soia
suc de ½ lime
sare si piper
4 frunze crocante de salata verde

Tăiați pieptul de pui în diagonală peste bob în fâșii fine. Stropiți cu pudră de cinci condimente și ungeți ușor cu făină. Se încălzește 15 ml/1 lingură ulei și se prăjește puiul până se rumenește. Scoateți din tigaie. Încălziți puțin ulei și prăjiți eșalota, usturoiul, ghimbirul și nucile caju timp de 1 minut. Adăugați mierea și amestecați până când legumele sunt acoperite. Stropiți cu făină apoi amestecați vinul sau sherry. Adăugați ciupercile, turmericul și ardeiul iute și gătiți timp de 1 minut. Adăugați puiul, sosul de soia, jumătate din sucul de lămâie, sare și piper și încălziți. Scoateți din tigaie și păstrați la cald. Se încălzește puțin ulei, se adaugă frunzele de salată și se prăjesc repede, condimentând cu sare și piper și zeama de lămâie rămasă. Aranjați frunzele de salată verde pe un vas de servire încălzit, întindeți deasupra carnea și legumele și serviți.

Pui și șuncă

Porti 4

225 g/8 oz pui, feliate foarte subțire
75 ml/5 linguri sos de soia
15 ml/1 lingura vin de orez sau sherry uscat
15 ml/1 lingura de zahar brun
5 ml/1 linguriță rădăcină de ghimbir tocată
1 cățel de usturoi, zdrobit
225 g/8 oz șuncă fiartă, tăiată cubulețe
30 ml/2 linguri miere

Puneti puiul intr-un castron cu 45 ml/3 linguri de sos de soia, vinul sau sherry, zaharul, ghimbirul si usturoiul. Se lasa la marinat 3 ore. Așezați puiul și șunca pe frigaruile de kebab. Amestecați sosul de soia rămas cu mierea și ungeți kebab-urile. Grătiți (prăjiți) sub un grătar încins timp de aproximativ 10 minute, întorcându-le frecvent și ungeți cu glazură pe măsură ce se gătesc.

Ficatei de pui la gratar

Porti 4

450 g/1 lb ficat de pui
45 ml/3 linguri sos de soia
15 ml/1 lingura vin de orez sau sherry uscat
15 ml/1 lingura de zahar brun
5 ml/1 lingurita sare
5 ml/1 linguriță rădăcină de ghimbir tocată
1 cățel de usturoi, zdrobit

Ficateii de pui se fierb in apa clocotita timp de 2 minute apoi se scurg bine. Se pune intr-un castron cu toate ingredientele ramase cu exceptia uleiului si se lasa la marinat aproximativ 3 ore. Așezați ficații de pui pe frigărui de kebab și puneți la grătar (prăjiți) sub un grătar încins timp de aproximativ 8 minute până se rumenesc.

Biluțe de crab cu castane de apă

Porti 4

450 g/1 lb carne de crab, tocată
100 g/4 oz castane de apă, tocate
1 cățel de usturoi, zdrobit
1 cm/¬Ω în rădăcină de ghimbir felie, tocată
45 ml/3 linguri faina de porumb (amidon de porumb)
30 ml/2 linguri sos de soia
15 ml/1 lingura vin de orez sau sherry uscat
5 ml/1 lingurita sare
5 ml/1 lingurita zahar
3 oua, batute
ulei pentru prăjire

Se amestecă toate ingredientele, cu excepția uleiului și se formează bile mici. Se încălzește uleiul și se prăjesc biluțele de crab până se rumenesc. Scurgeți bine înainte de servire.

Dim Sum

Porti 4

100 g/4 oz creveți decojiți, tăiați
225 g/8 oz carne de porc slabă, tocată mărunt
50 g/2 oz varză chinezească, tocată mărunt
3 cepe de primăvară (cepe), tocate
1 ou, batut
30 ml/2 linguri faina de porumb (amidon de porumb)
10 ml/2 lingurite sos de soia
5 ml/1 linguriță ulei de susan
5 ml/1 linguriță sos de stridii
24 de piei wonton
ulei pentru prăjire

Amestecați creveții, carnea de porc, varza și ceapa primăvară. Amestecați oul, făina de porumb, sosul de soia, uleiul de susan și sosul de stridii. Puneți linguri de amestec în centrul fiecărei coaje wonton. Apăsați ușor ambalajele în jurul umpluturii, împingând marginile împreună, dar lăsând vârfurile deschise. Încinge uleiul și prăjește dim sum-urile câte puțin până se rumenesc. Se scurge bine si se serveste fierbinte.

Rulouri cu șuncă și pui

Porti 4

2 piept de pui
1 cățel de usturoi, zdrobit
2,5 ml/¬Ω linguriță sare
2,5 ml/¬Ω linguriță pudră cu cinci condimente
4 felii de sunca fiarta
1 ou, batut
30 ml/2 linguri lapte
25 g/1 oz/¬° cană făină simplă (universală).
4 coji de rulada de oua
ulei pentru prăjire

Tăiați pieptul de pui în jumătate. Bateți-le până sunt foarte subțiri. Se amestecă usturoiul, sarea și praful de cinci condimente și se presară peste pui. Așezați o felie de șuncă deasupra fiecărei bucăți de pui și rulați-le strâns. Se amestecă oul și laptele. Ungeți ușor bucățile de pui cu făină, apoi scufundați în amestecul de ouă. Așezați fiecare bucată pe un rulou de ou și ungeți marginile cu ou bătut. Îndoiți părțile laterale, apoi rulați împreună, ciupind marginile pentru a sigila. Încinge uleiul și prăjește rulourile timp de aproximativ 5 minute până devin aurii rumeniți și gătiți. Scurgeți pe hârtie de bucătărie apoi tăiați în felii groase diagonale pentru a servi.

Turnovers cu șuncă la cuptor

Porti 4

350 g/12 oz/3 căni de făină simplă (universală).

175 g/6 oz/¬œ cană de unt

120 ml/4 fl oz/¬Ω cană de apă

225 g/8 oz sunca, tocata

100 g/4 oz muguri de bambus, tocate

2 cepe de primăvară (cepe), tocate

15 ml/1 lingura sos de soia

30 ml/2 linguri de seminte de susan

Puneți făina într-un bol și frecați untul. Se amestecă în apă pentru a forma un aluat. Întindeți aluatul și tăiați-l în cercuri de 5 cm/2. Amestecați toate ingredientele rămase, cu excepția semințelor de susan și puneți câte o lingură pe fiecare cerc. Ungeți marginile aluatului cu apă și sigilați împreună. Ungeți exteriorul cu apă și stropiți cu semințe de susan. Coaceți într-un cuptor preîncălzit la 180¬∞C/350¬∞F/marca de gaz 4 timp de 30 de minute.

Pește Pseudo Afumat

Porti 4

1 biban de mare
3 felii rădăcină de ghimbir, feliate
1 cățel de usturoi, zdrobit
1 ceapă primăvară (ceapă), tăiată gros
75 ml/5 linguri sos de soia
30 ml/2 linguri vin de orez sau sherry uscat
2,5 ml/½ linguriță de anason măcinat
2,5 ml/½ linguriță ulei de susan
10 ml/2 lingurite zahar
120 ml/4 fl oz/½ stoc de ceașcă
ulei pentru prăjire
5 ml/1 lingurita faina de porumb (amidon de porumb)

Tăiați peștele și tăiați-l în felii de 5 mm (¼ in) împotriva bobului. Amestecați ghimbirul, usturoiul, ceapa primăvară, 60 ml/4 linguri de sos de soia, sherry, anason și uleiul de susan. Se toarnă peste pește și se amestecă ușor. Se lasă să stea 2 ore, întorcându-le din când în când.

Scurgeți marinada într-o tigaie și uscați peștele pe hârtie de bucătărie. Adăugați zahărul, bulionul și sosul de soia rămas

marinata, se aduce la fierbere si se fierbe 1 minut. Dacă sosul trebuie să fie îngroșat, amestecați făina de porumb cu puțină apă rece, amestecați-o în sos și fierbeți, amestecând, până când sosul se îngroașă.

Între timp, încălziți uleiul și prăjiți peștele până se rumenește. Scurgeți bine. Înmuiați bucățile de pește în marinată apoi aranjați-le pe o farfurie de servire încălzită. Serviți cald sau rece.

Ciuperci umplute

Porti 4

12 capace mari de ciuperci uscate
225 g/8 oz carne de crab
3 castane de apă, tocate
2 cepe primare (cepe), tocate fin
1 albus de ou
15 ml/1 lingură făină de porumb (amidon de porumb)
15 ml/1 lingura sos de soia
15 ml/1 lingura vin de orez sau sherry uscat

Înmuiați ciupercile în apă caldă peste noapte. Strângeți uscat. Amestecați ingredientele rămase și utilizați pentru a umple capacele de ciuperci. Se aranjează pe un suport pentru aburi și se fierbe timp de 40 de minute. Se serveste fierbinte.

Ciuperci cu sos de stridii

Porti 4

10 ciuperci chinezești uscate
250 ml/8 fl oz/1 cană supă de vită
15 ml/1 lingură făină de porumb (amidon de porumb)
30 ml/2 linguri sos de stridii
5 ml/1 linguriță vin de orez sau sherry uscat

Înmuiați ciupercile în apă caldă timp de 30 de minute, apoi scurgeți-l, rezervând 250 ml/8 fl oz/1 cană de lichid de înmuiat. Aruncați tulpinile. Se amestecă 60 ml/4 linguri de supă de vită cu făina de porumb până la o pastă. Aduceți la fiert supa de vită rămasă cu ciupercile și lichidul de ciuperci, acoperiți și fierbeți timp de 20 de minute. Scoateți ciupercile din lichid cu o lingură cu fantă și aranjați-le pe o farfurie caldă de servire. Adăugați în tigaie sosul de stridii și sherry și fierbeți, amestecând timp de 2 minute. Se amestecă pasta de făină de porumb și se fierbe, se amestecă până se îngroașă sosul. Se toarnă peste ciuperci și se servește deodată.

Rulouri de porc și salată verde

Porti 4

4 ciuperci chinezești uscate
15 ml/1 lingura ulei de arahide (arahide).
225 g/8 oz carne slabă de porc, tocată
100 g/4 oz muguri de bambus, tocate
100 g/4 oz castane de apă, tocate
4 cepe de primăvară (cepe), tocate
175 g/6 oz carne de crab, fulgi
30 ml/2 linguri vin de orez sau sherry uscat
15 ml/1 lingura sos de soia
10 ml/2 lingurite sos de stridii
10 ml/2 lingurite ulei de susan
9 frunze chinezești

Înmuiați ciupercile în apă caldă timp de 30 de minute, apoi scurgeți-le. Aruncați tulpinile și tăiați capacele. Se încălzește uleiul și se prăjește carnea de porc timp de 5 minute. Se adauga ciupercile, lastarii de bambus, castanele de apa, ceapa primavara si carnea de crab si se calesc timp de 2 minute. Amestecați vinul sau sherry, sosul de soia, sosul de stridii și uleiul de susan și amestecați-l în tigaie. Se ia de pe foc. Între timp, se fierb frunzele chinezești în apă clocotită timp de 1 minut, apoi

scurgere. Așezați linguri de amestec de porc în centrul fiecărei frunze, îndoiți pe părțile laterale apoi rulați pentru a servi.

Chiftele de porc și castane

Porti 4

450 g/1 lb carne de porc tocată (măcinată).

50 g/2 oz ciuperci, tocate mărunt

50 g/2 oz castane de apă, tocate mărunt

1 cățel de usturoi, zdrobit

1 ou, batut

30 ml/2 linguri sos de soia

15 ml/1 lingura vin de orez sau sherry uscat

5 ml/1 linguriță rădăcină de ghimbir tocată

5 ml/1 lingurita zahar

sare

30 ml/2 linguri faina de porumb (amidon de porumb)

ulei pentru prăjire

Amestecați toate ingredientele, cu excepția făinii de porumb și formați bile mici. Rulați în făina de porumb. Încinge uleiul și prăjește chiftelele aproximativ 10 minute până se rumenesc. Scurgeți bine înainte de servire.

Galuste de porc

Porțiune 4-6

450 g/1 lb făină simplă (universală).
500 ml/17 fl oz/2 căni de apă
450 g/1 lb carne de porc fiartă, tocată
225 g/8 oz creveți decojiți, tăiați
4 tulpini de telina, tocate
15 ml/1 lingura sos de soia
15 ml/1 lingura vin de orez sau sherry uscat
15 ml/1 lingura ulei de susan
5 ml/1 lingurita sare
2 cepe primare (cepe), tocate fin
2 catei de usturoi, macinati
1 felie rădăcină de ghimbir, tocată

Se amestecă făina și apa până la un aluat moale și se frământă bine. Acoperiți și lăsați să stea 10 minute. Întindeți aluatul cât mai subțire și tăiați-l în cercuri de 5 cm/2. Se amestecă toate ingredientele rămase. Puneți linguri de amestec pe fiecare cerc, umeziți marginile și etanșați într-un semicerc. Aduceți o cratiță cu apă la fiert apoi puneți ușor găluștele în apă.

Risole de porc și vițel

Porti 4

100 g/4 oz carne de porc tocată (măcinată).
100 g/4 oz carne de vițel tocată (măcinată).
1 felie de bacon, tocată (măcinată)
15 ml/1 lingura sos de soia
sare si piper
1 ou, batut
30 ml/2 linguri faina de porumb (amidon de porumb)
ulei pentru prăjire

Amestecați carnea tocată și baconul și asezonați cu sare și piper. Se leagă împreună cu oul, se formează bile de mărimea unei nuci și se pudrează cu făină de porumb. Se încălzește uleiul și se prăjește până se rumenește. Scurgeți bine înainte de servire.

Creveți Fluture

Porti 4

450 g/1 lb creveți mari decojiti
15 ml/1 lingura sos de soia
5 ml/1 linguriță vin de orez sau sherry uscat
5 ml/1 linguriță rădăcină de ghimbir tocată
2,5 ml/¬Ω linguriță sare
2 oua, batute
30 ml/2 linguri faina de porumb (amidon de porumb)
15 ml/1 lingură făină simplă (universală).
ulei pentru prăjire

Tăiați creveții pe jumătate din spate și întindeți-i pentru a forma o formă de fluture. Amestecați sosul de soia, vinul sau sherry, ghimbirul și sarea. Se toarnă peste creveți și se lasă la marinat 30 de minute. Scoateți din marinadă și uscați. Bateți oul cu făina de porumb și făina până la un aluat și scufundați creveții în aluat. Se încălzește uleiul și se prăjesc creveții până se rumenesc. Scurgeți bine înainte de servire.

Creveți chinezești

Porti 4

450 g/1 lb creveți necurățați
30 ml/2 linguri sos Worcestershire
15 ml/1 lingura sos de soia
15 ml/1 lingura vin de orez sau sherry uscat
15 ml/1 lingura de zahar brun

Puneți creveții într-un castron. Amestecați ingredientele rămase, turnați peste creveți și lăsați la marinat timp de 30 de minute. Transferați într-o tavă de copt și coaceți într-un cuptor preîncălzit la 150¬∞C/300¬∞F/ marca gaz 2 timp de 25 de minute. Se servesc cald sau rece in coji pentru ca oaspetii sa le decojeasca singuri.

Biscuiți cu creveți

Porti 4

100 g/4 oz biscuiți cu creveți
ulei pentru prăjire

Încinge uleiul până este foarte fierbinte. Adăugați o mână de biscuiți cu creveți și prăjiți câteva secunde până se umfla. Scoateți din ulei și scurgeți pe hârtie de bucătărie în timp ce continuați să prăjiți biscuiții.

Creveți crocanți

Porti 4

450 g/1 lb creveți tigru decojiți
15 ml/1 lingura vin de orez sau sherry uscat
10 ml/2 lingurite sos de soia
5 ml/1 linguriță pudră cu cinci condimente
sare si piper
90 ml/6 linguri faina de porumb (amidon de porumb)
2 oua, batute
100 g/4 oz pesmet
ulei de arahide pentru prăjire

Amestecați creveții cu vinul sau sherry, sosul de soia și pudra cu cinci condimente și asezonați cu sare și piper. Puneți-le în făina de porumb apoi acoperiți-le cu ou bătut și pesmet. Se prajesc in ulei incins cateva minute pana se rumenesc usor apoi se scurg si se servesc imediat.

Creveți cu sos de ghimbir

Porti 4

15 ml/1 lingura sos de soia
5 ml/1 linguriță vin de orez sau sherry uscat
5 ml/1 linguriță ulei de susan
450 g/1 lb creveți decojiți
30 ml/2 linguri pătrunjel proaspăt tocat
15 ml/1 lingura otet de vin
5 ml/1 lingurita radacina de ghimbir tocata

Amestecați sosul de soia, vinul sau sherry și uleiul de susan. Se toarnă peste creveți, se acoperă și se lasă la marinat 30 de minute. Creveții la grătar pentru câteva minute, până când sunt fierți, ungeți cu marinada. Între timp, amestecați pătrunjelul, oțetul de vin și ghimbirul pentru a servi cu creveții.

Rulouri cu creveți și tăiței

Porti 4

50 g/2 oz tăiței cu ou, rupte în bucăți
15 ml/1 lingura ulei de arahide (arahide).
50 g/2 oz carne de porc slaba, tocata marunt
100 g/4 oz ciuperci, tocate
3 cepe de primăvară (cepe), tocate
100 g/4 oz creveți decojiți, tăiați
15 ml/1 lingura vin de orez sau sherry uscat
sare si piper
24 de piei wonton
1 ou, batut
ulei pentru prăjire

Gătiți tăițeii în apă clocotită timp de 5 minute, apoi scurgeți și tocați. Se încălzește uleiul și se prăjește carnea de porc timp de 4 minute. Se adauga ciupercile si ceapa si se calesc 2 minute apoi se ia de pe foc. Amestecați creveții, vinul sau sherry și tăițeii și asezonați după gust cu sare și piper. Puneți linguri de amestec pe centrul fiecărei coaje wonton și ungeți marginile cu ou bătut. Îndoiți marginile, apoi rulați ambalajele, sigilând marginile împreună. Se încălzește uleiul și se prăjesc rulourile a câteva câte una, timp de aproximativ 5 minute, până devin aurii. Scurgeți pe hârtie de bucătărie înainte de servire.

Pâine prăjită cu creveți

Porti 4

2 ouă 450 g/1 lb creveți decojiți, tocați

15 ml/1 lingură făină de porumb (amidon de porumb)

1 ceapa, tocata marunt

30 ml/2 linguri sos de soia

15 ml/1 lingura vin de orez sau sherry uscat

5 ml/1 lingurita sare

5 ml/1 linguriță rădăcină de ghimbir tocată

8 felii de pâine, tăiate triunghiuri

ulei pentru prăjire

Se amestecă 1 ou cu toate ingredientele rămase, cu excepția pâinii și a uleiului. Turnați amestecul pe triunghiurile de pâine și apăsați într-o cupolă. Ungeți cu oul rămas. Se încălzește aproximativ 5 cm/2 in de ulei și se prăjesc triunghiurile pâinii până se rumenesc. Scurgeți bine înainte de servire.

Wontons de porc și creveți cu sos dulce-acru

Porti 4

120 ml/4 fl oz/½ cană de apă
60 ml/4 linguri otet de vin
60 ml/4 linguri zahăr brun
30 ml/2 linguri piure de roșii (pastă)
10 ml/2 lingurițe de făină de porumb (amidon de porumb)
25 g/1 oz ciuperci, tocate
25 g/1 oz creveți decojiți, tăiați
50 g/2 oz carne slabă de porc, tocată
2 cepe de primăvară (cepe), tocate
5 ml/1 linguriță sos de soia
2,5 ml/½ linguriță rădăcină de ghimbir rasă
1 cățel de usturoi, zdrobit
24 de piei wonton
ulei pentru prăjire

Amestecați apa, oțetul de vin, zahărul, piureul de roșii și făina de porumb într-o cratiță mică. Se aduce la fierbere, amestecând continuu, apoi se fierbe timp de 1 minut. Se ia de pe foc si se tine la cald.

Amestecați ciupercile, creveții, carnea de porc, ceapa primăvară, sosul de soia, ghimbirul și usturoiul. Puneți linguri de umplutură pe fiecare piele, ungeți marginile cu apă și apăsați împreună pentru a sigila. Se încălzește uleiul și se prăjesc wonton-urile câte puțin până se rumenesc. Se scurge pe hartie de bucatarie si se serveste fierbinte cu sos dulce-acru.

Supă de pui

Face 2 litri/3½ puncte/8½ căni

1,5 kg/2 lb oase de pui fierte sau crude
450 g/1 lb oase de porc
1 cm/½ bucată de rădăcină de ghimbir
3 cepe de primăvară (cepe), tăiate felii
1 căţel de usturoi, zdrobit
5 ml/1 lingurita sare
2,25 litri/4 puncte/10 căni de apă

Aduceţi toate ingredientele la fiert, acoperiţi şi fierbeţi timp de 15 minute. Îndepărtaţi orice grăsime. Acoperiţi şi fierbeţi timp de 1 oră şi jumătate. Se strecoară, se răceşte şi se degresează. Congelaţi în cantităţi mici sau păstraţi la frigider şi utilizaţi în 2 zile.

Ciorbă de germeni de fasole și porc

Porti 4

450 g/1 lb carne de porc, cuburi
1,5 l/2½ buc./6 cani supa de pui
5 felii de rădăcină de ghimbir
350 g/12 oz muguri de fasole
15 ml/1 lingura sare

Se fierbe carnea de porc timp de 10 minute in apa clocotita apoi se scurge. Aduceți bulionul la fiert și adăugați carnea de porc și ghimbirul. Acoperiți și fierbeți timp de 50 de minute. Adăugați mugurii de fasole și sare și fierbeți timp de 20 de minute.

Supă de abalone și ciuperci

Porti 4

60 ml/4 linguri ulei de arahide (arahide).
100 g/4 oz carne de porc slabă, tăiată fâșii
225 g/8 oz abalone conservat, tăiat fâșii
100 g/4 oz ciuperci, feliate
2 tulpini de telina, feliate
50 g/2 oz șuncă, tăiată fâșii
2 cepe, feliate
1,5 l/2½ puncte/6 căni de apă
30 ml/2 linguri otet de vin
45 ml/3 linguri sos de soia
2 felii de rădăcină de ghimbir, tocate
sare si piper proaspat macinat
15 ml/1 lingură făină de porumb (amidon de porumb)
45 ml/3 linguri apă

Se încălzește uleiul și se prăjește carnea de porc, abalonul, ciupercile, țelina, șunca și ceapa timp de 8 minute. Adăugați apa și oțetul de vin, aduceți la fiert, acoperiți și fierbeți timp de 20 de minute. Adăugați sosul de soia, ghimbirul, sare și piper. Amestecați făina de porumb într-o pastă cu apă, amestecați-o în supă și fierbeți, amestecând, timp de 5 minute până când supa se limpezește și se îngroașă.

Supă de pui și sparanghel

Porti 4

100 g/4 oz pui, tocat
2 albusuri
2,5 ml/½ linguriță sare
30 ml/2 linguri faina de porumb (amidon de porumb)
225 g/8 oz sparanghel, tăiat în bucăți de 5 cm/2
100 g/4 oz muguri de fasole
1,5 l/2½ buc./6 cani supa de pui
100 g/4 oz ciuperci buton

Se amestecă puiul cu albușurile, sarea și făina de porumb și se lasă să stea 30 de minute. Gătiți puiul în apă clocotită timp de aproximativ 10 minute până când este fiert, apoi scurgeți bine. Se albesc sparanghelul in apa clocotita timp de 2 minute apoi se scurg. Se albesc mugurii de fasole în apă clocotită timp de 3 minute, apoi se scurg. Turnați bulionul într-o cratiță mare și adăugați puiul, sparanghelul, ciupercile și mugurii de fasole. Se aduce la fierbere si se condimenteaza dupa gust cu sare. Fierbeți câteva minute pentru a permite aromelor să se dezvolte și până când legumele sunt fragede, dar încă crocante.

Supa de vită

Porti 4

225 g/8 oz carne de vită tocată (măcinată).

15 ml/1 lingura sos de soia

15 ml/1 lingura vin de orez sau sherry uscat

15 ml/1 lingură făină de porumb (amidon de porumb)

1,2 l/2 buc./5 cani supa de pui

5 ml/1 linguriță sos de boabe de ardei iute

sare si piper

2 oua, batute

6 cepe de primăvară (cepe), tocate

Amestecați carnea de vită cu sosul de soia, vinul sau sherry și făina de porumb. Se adaugă în bulion și se aduce treptat la fierbere, amestecând. Adăugați sosul de boabe de ardei iute și asezonați după gust cu sare și piper, acoperiți și fierbeți timp de aproximativ 10 minute, amestecând din când în când. Se amestecă ouăle și se servesc stropite cu ceapa primăvară.

Supă de vită și frunze chinezești

Porti 4

200 g carne macră de vită, tăiată fâșii
15 ml/1 lingura sos de soia
15 ml/1 lingura ulei de arahide (arahide).
1,5 l/2½ puncte/6 căni supă de vită
5 ml/1 lingurita sare
2,5 ml/½ linguriță zahăr
½ cap frunze chinezești, tăiate în bucăți

Se amestecă carnea de vită cu sosul de soia și uleiul și se lasă la marinat timp de 30 de minute, amestecând din când în când. Aduceți bulionul la fiert cu sare și zahăr, adăugați frunzele chinezești și fierbeți aproximativ 10 minute până aproape fiert. Adăugați carnea de vită și fierbeți încă 5 minute.

Supă de varză

Porti 4

60 ml/4 linguri ulei de arahide (arahide).
2 cepe, tocate
100 g/4 oz carne de porc slabă, tăiată fâșii
225 g/8 oz varză chinezească, mărunțită
10 ml/2 lingurite zahar
1,2 l/2 buc./5 cani supa de pui
45 ml/3 linguri sos de soia
sare si piper
15 ml/1 lingură făină de porumb (amidon de porumb)

Se încălzește uleiul și se prăjește ceapa și carnea de porc până se rumenesc ușor. Se adauga varza si zaharul si se caleste 5 minute. Adăugați bulionul și sosul de soia și asezonați după gust cu sare și piper. Se aduce la fierbere, se acopera si se fierbe usor timp de 20 de minute. Se amestecă făina de porumb cu puțină apă, se amestecă în supă și se fierbe, amestecând, până când supa se îngroașă și se limpezește.

Supă picant de vită

Porti 4

45 ml/3 linguri ulei de arahide (arahide).
1 căţel de usturoi, zdrobit
5 ml/1 lingurita sare
225 g/8 oz carne de vită tocată (măcinată).
6 cepe de primăvară (cepe), tăiate fâşii
1 ardei rosu, taiat fasii
1 ardei verde, tăiat fâşii
225 g/8 oz varză, mărunţită
1 l/1¾ puncte/4¼ cani supa de vita
30 ml/2 linguri sos de prune
30 ml/2 linguri sos hoisin
45 ml/3 linguri sos de soia
2 bucati de ghimbir tulpina, tocat
2 oua
5 ml/1 linguriţă ulei de susan
225 g/8 oz taitei transparenti, inmuiati

Încinge uleiul şi prăjeşte usturoiul şi sarea până se rumenesc uşor. Adăugaţi carnea de vită şi rumeniţi rapid. Adăugaţi legumele și prăjiți până când devin translucide. Adăugați bulionul, sos de prune, sos hoisin, 30 ml/2

linguriță de sos de soia și ghimbir, se aduce la fierbere și se fierbe timp de 10 minute. Bateți ouăle cu uleiul de susan și sosul de soia rămas. Adaugati in supa cu taiteii si gatiti, amestecand, pana cand ouale formeaza fire si taiteii sunt fragezi.

Supa celeste

Porti 4

2 cepe de primăvară (cepe), tocate
1 căţel de usturoi, zdrobit
30 ml/2 linguri pătrunjel proaspăt tocat
5 ml/1 lingurita sare
15 ml/1 lingura ulei de arahide (arahide).
30 ml/2 linguri sos de soia
1,5 l/2½ puncte/6 căni de apă

Amestecaţi ceapa primăvară, usturoiul, pătrunjelul, sarea, uleiul şi sosul de soia. Se aduce la fierbere apa, se toarna peste amestecul de ceapa primavara si se lasa sa stea 3 minute.

Supă de pui și lăstari de bambus

Porti 4

2 pulpe de pui
30 ml/2 linguri ulei de arahide (arahide).
5 ml/1 linguriță vin de orez sau sherry uscat
1,5 l/2½ buc./6 cani supa de pui
3 cepe de primăvară, tăiate felii
100 g/4 oz muguri de bambus, tăiați în bucăți
5 ml/1 linguriță rădăcină de ghimbir tocată
sare

Dezosați puiul și tăiați carnea în bucăți. Încinge uleiul și prăjește puiul până se etanșează pe toate părțile. Adăugați bulionul, ceapa primăvară, lăstarii de bambus și ghimbirul, aduceți la fiert și fierbeți aproximativ 20 de minute până când puiul este fraged. Asezonați după gust cu sare înainte de servire.

Supă de pui și porumb

Porti 4

1 l/1¾ puncte/4¼ cani supa de pui
100 g/4 oz pui, tocat
200 g/7 oz cremă de porumb dulce
felie sunca, tocata
ouă, bătute
15 ml/1 lingura vin de orez sau sherry uscat

Aduceți bulionul și puiul la fiert, acoperiți și fierbeți timp de 15 minute. Adăugați porumbul dulce și șunca, acoperiți și fierbeți timp de 5 minute. Adăugați ouăle și sherry, amestecând încet cu un betisoare, astfel încât ouăle să se formeze fire. Se ia de pe foc, se acopera si se lasa sa stea 3 minute inainte de servire.

Supă de pui și ghimbir

Porti 4

4 ciuperci chinezești uscate
1,5 l/2½ puncte/6 căni de apă sau supă de pui
225 g/8 oz carne de pui, tăiată cubulețe
10 felii de rădăcină de ghimbir
5 ml/1 linguriță vin de orez sau sherry uscat
sare

Înmuiați ciupercile în apă caldă timp de 30 de minute, apoi scurgeți-le. Aruncați tulpinile. Aduceți apa sau bulionul la fiert cu ingredientele rămase și fierbeți ușor timp de aproximativ 20 de minute până când puiul este gătit.

Supă de pui cu ciuperci chinezești

Porti 4

25 g/1 oz ciuperci chinezești uscate
100 g/4 oz pui, tocat
50 g/2 oz muguri de bambus, mărunțiți
30 ml/2 linguri sos de soia
30 ml/2 linguri vin de orez sau sherry uscat
1,2 l/2 buc./5 cani supa de pui

Înmuiați ciupercile în apă caldă timp de 30 de minute, apoi scurgeți-le. Aruncați tulpinile și tăiați capacele. Se fierb ciupercile, puiul și mugurii de bambus în apă clocotită timp de 30 de secunde, apoi se scurg. Puneți-le într-un castron și amestecați sosul de soia și vinul sau sherry. Se lasa la marinat 1 ora. Aduceți bulionul la fiert adăugați amestecul de pui și marinada. Se amestecă bine și se fierbe timp de câteva minute până când puiul este gătit bine.

Supă de pui și orez

Porti 4

1 l/1¾ puncte/4¼ cani supa de pui
225 g/8 oz/1 cană de orez cu bob lung
100 g/4 oz pui fiert, tăiat fâșii
1 ceapă, tăiată felii
5 ml/1 linguriță sos de soia

Încălziți ușor toate ingredientele până se încinge, fără a lăsa supa să fiarbă.

Supă de pui și nucă de cocos

Porti 4

350 g/12 oz piept de pui

sare

10 ml/2 lingurițe de făină de porumb (amidon de porumb)

30 ml/2 linguri ulei de arahide (arahide).

1 ardei iute verde, tocat

1 l/1¾ puncte/4¼ cani lapte de cocos

5 ml/1 linguriță coajă de lămâie rasă

12 litchi

praf de nucsoara rasa

sare si piper proaspat macinat

2 frunze de melisa

Tăiați pieptul de pui în diagonală peste bob în fâșii. Se presară cu sare și se unge cu făină de porumb. Încălziți 10 ml/2 lingurițe de ulei într-un wok, răsuciți și turnați-l. Repetați încă o dată. Se încălzește uleiul rămas și se prăjește puiul și ardeiul iute timp de 1 minut. Adăugați laptele de cocos și aduceți la fierbere. Adăugați coaja de lămâie și fierbeți timp de 5 minute. Adauga litchiul, asezoneaza cu nucsoara, sare si piper si serveste garnisit cu melisa.

Supă de scoici

Porti 4

2 ciuperci chinezești uscate
12 scoici, înmuiate și spălate
1,5 l/2½ buc./6 cani supa de pui
50 g/2 oz muguri de bambus, mărunțiți
50 g/2 oz mangetout (mazăre de zăpadă), tăiată la jumătate
2 cepe de primăvară (cepe), tăiate rondele
15 ml/1 lingura vin de orez sau sherry uscat
praf de piper proaspat macinat

Înmuiați ciupercile în apă caldă timp de 30 de minute, apoi scurgeți-le. Aruncați tulpinile și tăiați capacele în jumătate. Coicile se fierb la abur aproximativ 5 minute până se deschid; aruncați orice care rămâne închis. Scoateți scoicile din coajă. Aduceți bulionul la fiert și adăugați ciupercile, lăstarii de bambus, mangetoul și ceapa primăvară. Se fierbe, neacoperit, timp de 2 minute. Adăugați scoici, vinul sau sherry și piper și fierbeți până se încălzesc.

Supă de ouă

Porti 4

1,2 l/2 buc./5 cani supa de pui
3 oua, batute
45 ml/3 linguri sos de soia
sare si piper proaspat macinat
4 cepe de primăvară (cepe), tăiate felii

Aduceți bulionul la fiert. Bateți treptat ouăle bătute, astfel încât să se despartă în fire. Se amestecă sosul de soia şi se condimentează după gust cu sare şi piper. Se serveste ornat cu ceapa primavara.

Supă de crab și scoici

Porti 4

4 ciuperci chinezești uscate
15 ml/1 lingura ulei de arahide (arahide).
1 ou, batut
1,5 l/2½ buc./6 cani supa de pui
175 g/6 oz carne de crab, fulgi
100 g/4 oz scoici decojite, feliate
100 g/4 oz muguri de bambus, feliați
2 cepe de primăvară (cepe), tocate
1 felie rădăcină de ghimbir, tocată
câțiva creveți fierți și curățați (opțional)
45 ml/3 linguri faina de porumb (amidon de porumb)
90 ml/6 linguri apă
30 ml/2 linguri vin de orez sau sherry uscat
20 ml/4 lingurite sos de soia
2 albusuri

Înmuiați ciupercile în apă caldă timp de 30 de minute, apoi scurgeți-le. Aruncați tulpinile și tăiați capacele subțiri. Se încălzește uleiul, se adaugă oul și se înclină tigaia astfel încât oul să acopere fundul. Gatiti pana puneți apoi întoarceți și gătiți cealaltă parte. Scoateți din tavă, rulați și tăiați în fâșii subțiri.

Aduceți bulionul la fiert, adăugați ciupercile, fâșiile de ouă, carnea de crab, scoici, lăstarii de bambus, ceapa primăvară, ghimbirul și creveții, dacă folosiți. Se aduce înapoi la fierbere. Se amestecă făina de porumb cu 60 ml/4 linguri de apă, vinul sau sherry și sosul de soia și se amestecă în supă. Se fierbe, amestecând până când supa se îngroașă. Albusurile se bat spuma cu apa ramasa si se stropesc amestecul incet in supa, amestecand energic.

Supă de crabi

Porti 4

90 ml/6 linguri ulei de arahide (arahide).

3 cepe, tocate

225 g/8 oz carne de crab albă și maro

1 felie rădăcină de ghimbir, tocată

1,2 l/2 buc./5 cani supa de pui

150 ml/¼pt/cană vin de orez sau sherry uscat

45 ml/3 linguri sos de soia

sare si piper proaspat macinat

Încinge uleiul și prăjește ceapa până se înmoaie, dar nu se rumenește. Adăugați carnea de crab și ghimbirul și prăjiți timp de 5 minute. Adăugați bulionul, vinul sau sherry și sosul de soia, asezonați cu sare și piper. Se aduce la fierbere apoi se fierbe timp de 5 minute.

Ciorba de peste

Porti 4

225 g/8 oz file de pește
1 felie rădăcină de ghimbir, tocată
15 ml/1 lingura vin de orez sau sherry uscat
30 ml/2 linguri ulei de arahide (arahide).
1,5 l/2½ puncte/6 căni supa de pește

Tăiați peștele în fâșii subțiri împotriva bobului. Se amestecă ghimbirul, vinul sau sherry și uleiul, se adaugă peștele și se amestecă ușor. Se lasă la marinat 30 de minute, întorcându-le din când în când. Aduceți bulionul la fiert, adăugați peștele și fierbeți ușor timp de 3 minute.

Supă de pește și salată verde

Porti 4

225 g/8 oz file de pește alb

30 ml/2 linguri de făină simplă (universală).

sare si piper proaspat macinat

90 ml/6 linguri ulei de arahide (arahide).

6 cepe de primăvară (cepe), tăiate felii

100 g/4 oz salată verde, mărunțită

1,2 l/2 puncte/5 căni de apă

10 ml/2 lingurițe rădăcină de ghimbir tocată mărunt

150 ml/¼ pt/generoasă ½ cană vin de orez sau sherry uscat

30 ml/2 linguri faina de porumb (amidon de porumb)

30 ml/2 linguri pătrunjel proaspăt tocat

10 ml/2 lingurite suc de lamaie

30 ml/2 linguri sos de soia

Tăiați peștele în fâșii subțiri apoi puneți-l în făină asezonată. Se incinge uleiul si se caleste ceapa primavara pana se inmoaie. Adăugați salata verde și prăjiți timp de 2 minute. Adăugați peștele și gătiți timp de 4 minute. Adăugați apa, ghimbirul și vinul sau sherry, aduceți la fierbere, acoperiți și fierbeți timp de 5 minute. Amestecați făina de porumb cu puțină apă apoi amestecați-o în supă. Se fierbe, amestecând încă 4 minute până când supa

se limpezeste apoi se condimenteaza cu sare si piper. Se serveste stropita cu patrunjel, suc de lamaie si sos de soia.

Supă de ghimbir cu găluște

Porti 4

5 cm/2 in bucată rădăcină de ghimbir, rasă
350 g/12 oz zahăr brun
1,5 l/2½ puncte/7 căni de apă
225 g/8 oz/2 căni de făină de orez
2,5 ml/½ linguriță sare
60 ml/4 linguri apă

Se pune ghimbirul, zaharul si apa intr-o cratita si se aduce la fierbere, amestecand. Acoperiți și fierbeți timp de aproximativ 20 de minute. Strecurați supa și puneți-o înapoi în tigaie.

Între timp, puneți făina și sarea într-un bol și frământați treptat în apă doar cât să faceți un aluat gros. Rotiți-o în bile mici și aruncați găluștele în supă. Readuceți supa la fierbere, acoperiți și fierbeți încă 6 minute până când găluștele sunt fierte.

Supă fierbinte și acră

Porti 4

8 ciuperci chinezești uscate

1 l/1¾ puncte/4¼ cani supa de pui

100 g/4 oz pui, tăiat fâșii

100 g/4 oz muguri de bambus, tăiați în fâșii

100 g/4 oz tofu, tăiat fâșii

15 ml/1 lingura sos de soia

30 ml/2 linguri otet de vin

30 ml/2 linguri faina de porumb (amidon de porumb)

2 oua, batute

câteva picături de ulei de susan

Înmuiați ciupercile în apă caldă timp de 30 de minute, apoi scurgeți-le. Aruncați tulpinile și tăiați capacele în fâșii. Aduceți ciupercile, bulionul, puiul, lăstarii de bambus și tofu la fierbere, acoperiți și fierbeți timp de 10 minute. Amestecați sosul de soia, oțetul de vin și făina de porumb până la o pastă netedă, amestecați-o în supă și fierbeți timp de 2 minute până când supa devine translucidă. Adăugați încet ouăle și uleiul de susan, amestecând cu un betisoare. Acoperiți și lăsați să stea 2 minute înainte de servire.

Supa de ciuperci

Porti 4

15 ciuperci chinezești uscate
1,5 l/2½ buc./6 cani supa de pui
5 ml/1 lingurita sare

Înmuiați ciupercile în apă caldă timp de 30 de minute apoi scurgeți, rezervând lichidul. Aruncați tulpinile și tăiați capacele în jumătate dacă sunt mari și puneți-le într-un castron mare rezistent la căldură. Așezați vasul pe un suport într-un cuptor cu abur. Aduceți bulionul la fiert, turnați peste ciuperci apoi acoperiți și fierbeți la abur timp de 1 oră peste apă fierbinte ușor. Se condimentează după gust cu sare și se servește.

Supă de ciuperci și varză

Porti 4

25 g/1 oz ciuperci chinezești uscate
15 ml/1 lingura ulei de arahide (arahide).
50 g/2 oz frunze chinezești, mărunțite
15 ml/1 lingura vin de orez sau sherry uscat
15 ml/1 lingura sos de soia
1,2 l/2 puncte/5 căni supă de pui sau legume
sare si piper proaspat macinat
5 ml/1 linguriță ulei de susan

Înmuiați ciupercile în apă caldă timp de 30 de minute, apoi scurgeți-le. Aruncați tulpinile și tăiați capacele. Se încălzește uleiul și se prăjesc ciupercile și frunzele chinezești timp de 2 minute până se îmbracă bine. Se amestecă vinul sau sherry și sosul de soia apoi se adaugă bulionul. Se aduce la fierbere, se condimentează după gust cu sare și piper apoi se fierbe timp de 5 minute. Stropiți cu ulei de susan înainte de servire.

Supă cu picături de ouă de ciuperci

Porti 4

1 l/1¾ puncte/4¼ cani supa de pui
30 ml/2 linguri faina de porumb (amidon de porumb)
100 g/4 oz ciuperci, feliate
1 felie de ceapa, tocata marunt
vârf de cuțit de sare
3 picături ulei de susan
2,5 ml/½ linguriță sos de soia
1 ou, batut

Se amestecă puțin bulion cu făina de porumb apoi se amestecă toate ingredientele, cu excepția oului. Aduceți la fierbere, acoperiți și fierbeți timp de 5 minute. Adăugați oul, amestecând cu un betisoare, astfel încât oul să se formeze fire. Se ia de pe foc si se lasa sa stea 2 minute inainte de servire.

Ciorba de castane cu ciuperci si apa

Porti 4

1 l/1¾ puncte/4¼ cani supa de legume sau apa
2 cepe, tocate mărunt
5 ml/1 linguriță vin de orez sau sherry uscat
30 ml/2 linguri sos de soia
225 g/8 oz ciuperci buton
100 g/4 oz castane de apă, feliate
100 g/4 oz muguri de bambus, feliați
câteva picături de ulei de susan
2 frunze de salata verde, taiate bucatele
2 cepe de primăvară (cepe), tăiate în bucăți

Aduceți la fiert apa, ceapa, vinul sau sherry și sosul de soia, acoperiți și fierbeți timp de 10 minute. Adăugați ciupercile, castanele de apă și lăstarii de bambus, acoperiți și fierbeți timp de 5 minute. Se adauga uleiul de susan, frunzele de salata verde si ceapa primavara, se ia de pe foc, se acopera si se lasa sa stea 1 minut inainte de servire.

Supă de porc și ciuperci

Porti 4

60 ml/4 linguri ulei de arahide (arahide).

1 cățel de usturoi, zdrobit

2 cepe, feliate

225 g/8 oz carne de porc slabă, tăiată fâșii

1 baton de telina, tocata

50 g/2 oz ciuperci, feliate

2 morcovi, feliați

1,2 l/2 puncte/5 căni supă de vită

15 ml/1 lingura sos de soia

sare si piper proaspat macinat

15 ml/1 lingură făină de porumb (amidon de porumb)

Se încălzește uleiul și se prăjește usturoiul, ceapa și carnea de porc până când ceapa este moale și ușor rumenită. Adăugați țelina, ciupercile și morcovii, acoperiți și fierbeți ușor timp de 10 minute. Aduceți bulionul la fiert apoi adăugați-l în tigaia cu sosul de soia și asezonați după gust cu sare și piper. Se amestecă făina de porumb cu puțină apă apoi se amestecă în tigaie și se fierbe, amestecând, timp de aproximativ 5 minute.

Supa de porc si nasturel

Porti 4

1,5 l/2½ buc./6 cani supa de pui
100 g/4 oz carne de porc slabă, tăiată fâşii
3 tulpini de telina, taiate in diagonala
2 cepe de primăvară (cepe), tăiate felii
1 buchet de nasturel
5 ml/1 lingurita sare

Aduceți bulionul la fiert, adăugați carnea de porc și țelina, acoperiți și fierbeți timp de 15 minute. Adaugati ceapa primavara, nasturelul si sarea si fierbeti, neacoperit, aproximativ 4 minute.

Supă de porc și castraveți

Porti 4

100 g/4 oz carne de porc slabă, feliată subțire
5 ml/1 lingurita faina de porumb (amidon de porumb)
15 ml/1 lingura sos de soia
15 ml/1 lingura vin de orez sau sherry uscat
1 castravete
1,5 l/2½ buc./6 cani supa de pui
5 ml/1 lingurita sare

Amestecați carnea de porc, făina de porumb, sosul de soia și vinul sau sherry. Se amestecă pentru a acoperi carnea de porc. Curățați castraveții și tăiați-l în jumătate pe lungime, apoi scoateți semințele. Tăiați gros. Aduceți bulionul la fiert, adăugați carnea de porc, acoperiți și fierbeți timp de 10 minute. Se amestecă castravetele și se fierbe câteva minute până devine translucid. Se adauga sarea si se mai adauga putin sos de soia, daca iti place.

Supa cu chiftele de porc si taitei

Porti 4

50 g/2 oz tăiţei de orez
225 g/8 oz carne de porc tocată (măcinată).
5 ml/1 lingurita faina de porumb (amidon de porumb)
2,5 ml/½ linguriţă sare
30 ml/2 linguri apă
1,5 l/2½ buc./6 cani supa de pui
1 ceapă primăvară (ceapă), tocată mărunt
5 ml/1 linguriţă sos de soia

Puneţi tăiţeii în apă rece să se înmoaie în timp ce pregătiţi chiftelele. Amestecaţi carnea de porc, făina de porumb, puţină sare şi apa şi formaţi bile de mărimea unei nuci. Aduceţi o cratiţă cu apă la fierbere, introduceţi biluţele de porc, acoperiţi şi fierbeţi timp de 5 minute. Scurgeţi bine şi scurgeţi tăiţeii. Aduceţi bulionul la fiert, adăugaţi biluţele de porc şi tăiţeii, acoperiţi şi fierbeţi timp de 5 minute. Adăugaţi ceapa primăvară, sosul de soia şi restul de sare şi fierbeţi încă 2 minute.

Supă de spanac și tofu

Porti 4

1,2 l/2 buc./5 cani supa de pui
200 g/7 oz rosii conservate, scurse si tocate
225 g/8 oz tofu, cuburi
225 g/8 oz spanac, tocat
30 ml/2 linguri sos de soia
5 ml/1 lingurita zahar brun
sare si piper proaspat macinat

Aduceți bulionul la fiert apoi adăugați roșiile, tofu și spanacul și amestecați ușor. Reveniți la fierbere și fierbeți timp de 5 minute. Adaugati sosul de soia si zaharul si asezonati dupa gust cu sare si piper. Se fierbe timp de 1 minut înainte de servire.

Supă de porumb dulce și crab

Porti 4

1,2 l/2 buc./5 cani supa de pui
200 g/7 oz porumb dulce
sare si piper proaspat macinat
1 ou, batut
200 g/7 oz carne de crab, fulgi
3 salote, tocate

Aduceți bulionul la fiert, adăugați porumbul dulce cu sare și piper. Se fierbe timp de 5 minute. Chiar înainte de servire, turnați ouăle printr-o furculiță și amestecați deasupra supei. Se serveste presarata cu carne de crab si salota tocata.

Supă de Sichuan

Porti 4

4 ciuperci chinezești uscate
1,5 l/2½ buc./6 cani supa de pui
75 ml/5 linguri vin alb sec
15 ml/1 lingura sos de soia
2,5 ml/½ linguriță sos chilli
30 ml/2 linguri faina de porumb (amidon de porumb)
60 ml/4 linguri apă
100 g/4 oz carne de porc slabă, tăiată fâșii
50 g/2 oz șuncă fiartă, tăiată fâșii
1 ardei rosu, taiat fasii
50 g/2 oz castane de apă, feliate
10 ml/2 lingurite otet de vin
5 ml/1 linguriță ulei de susan
1 ou, batut
100 g/4 oz creveți decojiți
6 cepe de primăvară (cepe), tocate
175 g/6 oz tofu, tăiat cubulețe

Înmuiați ciupercile în apă caldă timp de 30 de minute, apoi scurgeți-le. Aruncați tulpinile și tăiați capacele. Aduceți bulionul, vinul, soia

sosul și sosul chilli la fiert, acoperiți și fierbeți timp de 5 minute. Amestecați făina de porumb cu jumătate din apă și amestecați-o în supă, amestecând până când supa se îngroașă. Adăugați ciupercile, carnea de porc, șunca, ardeiul și castanele de apă și fierbeți timp de 5 minute. Se amestecă oțetul de vin și uleiul de susan. Bateți oul cu apa rămasă și turnați-o în supă, amestecând energic. Adăugați creveții, ceapa primăvară și tofu și fierbeți câteva minute pentru a se încălzi.

Supa de tofu

Porti 4

1,5 l/2½ buc./6 cani supa de pui

225 g/8 oz tofu, cuburi

5 ml/1 lingurita sare

5 ml/1 linguriță sos de soia

Aduceți bulionul la fiert și adăugați tofu, sarea și sosul de soia. Fierbeți câteva minute până când tofu este încălzit.

Supă de tofu și pește

Porti 4

225 g/8 oz file de pește alb, tăiate fâșii
150 ml/¼ pt/generoasă ½ cană vin de orez sau sherry uscat
10 ml/2 lingurițe rădăcină de ghimbir tocată fin
45 ml/3 linguri sos de soia
2,5 ml/½ linguriță sare
60 ml/4 linguri ulei de arahide (arahide).
2 cepe, tocate
100 g/4 oz ciuperci, feliate
1,2 l/2 buc./5 cani supa de pui
100 g/4 oz tofu, tăiat cubulețe
sare si piper proaspat macinat

Puneți peștele într-un castron. Amestecați vinul sau sherry, ghimbirul, sosul de soia și sarea și turnați peste pește. Se lasă la marinat 30 de minute. Încinge uleiul și prăjește ceapa timp de 2 minute. Adăugați ciupercile și continuați să prăjiți până când ceapa este moale, dar nu se rumenește. Adăugați peștele și marinada, aduceți la fierbere, acoperiți și fierbeți timp de 5 minute. Adăugați bulionul, aduceți din nou la fierbere, acoperiți şi fierbeţi timp de 15 minute. Adauga tofu si asezoneaza dupa gust cu sare si piper. Se fierbe până când tofu este gătit.

Supă de roşii

Porti 4

400 g/14 oz rosii conservate, scurse si tocate
1,2 l/2 buc./5 cani supa de pui
1 felie rădăcină de ghimbir, tocată
15 ml/1 lingura sos de soia
15 ml/1 lingura sos de boabe de ardei iute
10 ml/2 lingurite zahar

Puneti toate ingredientele intr-o cratita si aduceti incet la fiert, amestecand din cand in cand. Se fierbe aproximativ 10 minute înainte de servire.

Supă de roșii și spanac

Porti 4

1,2 l/2 buc./5 cani supa de pui
225 g/8 oz conserve de roșii tocate
225 g/8 oz tofu, cuburi
225 g/8 oz spanac
30 ml/2 linguri sos de soia
sare si piper proaspat macinat
2,5 ml/½ linguriță zahăr
2,5 ml/½ linguriță vin de orez sau sherry uscat

Aduceți bulionul la fiert apoi adăugați roșiile, tofu și spanacul și fierbeți timp de 2 minute. Adăugați ingredientele rămase și fierbeți timp de 2 minute, apoi amestecați bine și serviți.

Supă de napi

Porti 4

1 l/1¾ puncte/4¼ cani supa de pui
1 nap mare, feliat subțire
200 g/7 oz carne de porc slabă, feliată subțire
15 ml/1 lingura sos de soia
60 ml/4 linguri rachiu
sare si piper proaspat macinat
4 salote, tocate marunt

Aduceți bulionul la fiert, adăugați napul și carnea de porc, acoperiți și fierbeți timp de 20 de minute până când napul este fraged și carnea fiartă. Se amestecă sosul de soia și rachiul după gust. Se fierbe până când servește fierbinte stropită cu eșalotă.

Supa de legume

Porti 4

6 ciuperci chinezești uscate
1 l/1¾ puncte/4¼ cani supa de legume
50 g/2 oz muguri de bambus, tăiați în fâșii
50 g/2 oz castane de apă, feliate
8 mangetout (mazăre de zăpadă), feliate
5 ml/1 linguriță sos de soia

Înmuiați ciupercile în apă caldă timp de 30 de minute, apoi scurgeți-le. Aruncați tulpinile și tăiați capacele în fâșii. Adăugați-le în bulionul cu muguri de bambus și castane de apă și aduceți la fiert, acoperiți și fierbeți timp de 10 minute. Adăugați mangeout și sosul de soia, acoperiți și fierbeți timp de 2 minute. Se lasa sa stea 2 minute inainte de servire.

Supă vegetariană

Porti 4

¼ *varză albă*
2 *morcovi*
3 *tulpini de telina*
2 *cepe de primăvară (cepe)*
30 *ml/2 linguri ulei de arahide (arahide).*
1,5 l/2½ puncte/6 căni de apă
15 ml/1 lingura sos de soia
15 ml/1 lingura vin de orez sau sherry uscat
5 ml/1 lingurita sare
piper proaspăt măcinat

Tăiați legumele fâșii. Încinge uleiul și prăjește legumele timp de 2 minute până încep să se înmoaie. Adăugați ingredientele rămase, aduceți la fierbere, acoperiți și fierbeți timp de 15 minute.

Supă de Nasturel

Porti 4

1 l/1¾ puncte/4¼ cani supa de pui
1 ceapa, tocata marunt
1 baton de telina, tocata marunt
225 g/8 oz nasturel, tocat grosier
sare si piper proaspat macinat

Aduceți bulionul, ceapa și țelina la fiert, acoperiți și fierbeți timp de 15 minute. Adăugați nasturel, acoperiți și fierbeți timp de 5 minute. Asezonați cu sare și piper.

Pește prăjit cu legume

Porti 4

4 ciuperci chinezești uscate
4 pești întregi, curățați și solziți
ulei pentru prăjire
30 ml/2 linguri faina de porumb (amidon de porumb)
45 ml/3 linguri ulei de arahide (arahide).
100 g/4 oz muguri de bambus, tăiați în fâșii
50 g/2 oz castane de apă, tăiate fâșii
50 g/2 oz varză chinezească, mărunțită
2 felii rădăcină de ghimbir, tocată
30 ml/2 linguri vin de orez sau sherry uscat
30 ml/2 linguri apă
15 ml/1 lingura sos de soia
5 ml/1 lingurita zahar
120 ml/4 fl oz/¬Ω cană de stoc de pește
sare si piper proaspat macinat
¬Ω salată verde, mărunțită
15 ml/1 lingură pătrunjel tocat cu frunze plate

Înmuiați ciupercile în apă caldă timp de 30 de minute, apoi scurgeți-le. Aruncați tulpinile și tăiați capacele. Pudrați peștele în jumătate

făină de porumb și scuturați orice exces. Se încălzește uleiul și se prăjește pestele timp de aproximativ 12 minute până când este fiert. Se scurge pe hartie de bucatarie si se tine la cald.

Se incinge uleiul si se calesc ciupercile, lastarii de bambus, castanele de apa si varza timp de 3 minute. Adaugă ghimbirul, vinul sau sherry, 15 ml/1 lingură de apă, sosul de soia și zahărul și se prăjește timp de 1 minut. Adăugați bulionul, sare și piper, aduceți la fiert, acoperiți și fierbeți timp de 3 minute. Se amestecă făina de porumb cu apa rămasă, se amestecă în tigaie și se fierbe, amestecând, până se îngroașă sosul. Aranjați salata verde pe un platou de servire și puneți pestele deasupra. Se toarna peste legume si sosul si se serveste ornat cu patrunjel.

Pește întreg copt

Porti 4

1 bas mare sau pește similar

45 ml/3 linguri faina de porumb (amidon de porumb)

45 ml/3 linguri ulei de arahide (arahide).

1 ceapa, tocata

2 catei de usturoi, macinati

50 g/2 oz șuncă, tăiată fâșii

100 g/4 oz creveți decojiți

15 ml/1 lingura sos de soia

15 ml/1 lingura vin de orez sau sherry uscat

5 ml/1 lingurita zahar

5 ml/1 lingurita sare

Ungeți peștele cu făină de porumb. Se incinge uleiul si se caleste ceapa si usturoiul pana se rumenesc usor. Adăugați peștele și prăjiți până se rumenește pe ambele părți. Transferați peștele pe o foaie de folie într-o tavă și acoperiți cu șuncă și creveți. Adăugați în tigaie sosul de soia, vinul sau sherry, zahărul și sarea și amestecați bine. Se toarnă peste pește, se închide folia peste deasupra și se coace în cuptorul preîncălzit la 150¬∞C/300¬∞F/gaz mark 2 timp de 20 de minute.

Pește de soia înăbușit

Porti 4

1 bas mare sau pește similar

sare

50 g/2 oz/½ cană făină simplă (universală).

60 ml/4 linguri ulei de arahide (arahide).

3 felii de rădăcină de ghimbir, tocate

3 cepe de primăvară (cepe), tocate

250 ml/8 fl oz/1 cană apă

45 ml/3 linguri sos de soia

15 ml/1 lingura vin de orez sau sherry uscat

2,5 ml/½ linguriță zahăr

Curățați și scalați peștele și marcați-l în diagonală pe ambele părți. Se presară cu sare și se lasă să stea 10 minute. Încinge uleiul și prăjește peștele până se rumenește pe ambele părți, întorcându-l o dată și ungându-l cu ulei în timp ce gătești. Adaugati ghimbirul, ceapa primavara, apa, sosul de soia, vinul sau sherry si zaharul, aduceti la fiert, acoperiti si fierbeti timp de 20 de minute pana pestele este fiert. Serviți cald sau rece.

Pește de soia cu sos de stridii

Porti 4

1 bas mare sau pește similar
sare
60 ml/4 linguri ulei de arahide (arahide).
3 cepe de primăvară (cepe), tocate
2 felii rădăcină de ghimbir, tocată
1 cățel de usturoi, zdrobit
45 ml/3 linguri sos de stridii
30 ml/2 linguri sos de soia
5 ml/1 lingurita zahar
250 ml/8 fl oz/1 cană bulion de pește

Curățați și scalați peștele și marcați în diagonală de câteva ori pe fiecare parte. Se presară cu sare și se lasă să stea 10 minute. Încinge cea mai mare parte din ulei și prăjește peștele până se rumenește pe ambele părți, întorcându-l o dată. Între timp, încălziți uleiul rămas într-o tigaie separată și prăjiți ceapa primăvară, ghimbirul și usturoiul până se rumenesc ușor. Se adauga sosul de stridii, sosul de soia si zaharul si se caleste timp de 1 minut. Adăugați bulionul și aduceți la fierbere. Turnați amestecul în peștele rumenit, reveniți la fierbere, acoperiți și fierbeți aproximativ

15 minute până când peștele este gătit, întorcându-se o dată sau de două ori în timpul gătirii.

Bas aburit

Porti 4

1 bas mare sau peşte similar
2,25 l/4 puncte/10 căni apă
3 felii de rădăcină de ghimbir, tocate
15 ml/1 lingura sare
15 ml/1 lingura vin de orez sau sherry uscat
30 ml/2 linguri ulei de arahide (arahide).

Curăţă şi scaldă peştele şi încorporează ambele părţi în diagonală de câteva ori. Aduceţi apa la fierbere într-o tigaie mare şi adăugaţi ingredientele rămase. Coborâţi peştele în apă, acoperiţi ermetic, opriţi focul şi lăsaţi să stea 30 de minute până când peştele este fiert.

Pește înăbușit cu ciuperci

Porti 4

4 ciuperci chinezești uscate
1 crap mare sau pește similar
sare
45 ml/3 linguri ulei de arahide (arahide).
2 cepe de primăvară (cepe), tocate
1 felie rădăcină de ghimbir, tocată
3 catei de usturoi, macinati
100 g/4 oz muguri de bambus, tăiați în fâșii
250 ml/8 fl oz/1 cană bulion de pește
30 ml/2 linguri sos de soia
15 ml/1 lingura vin de orez sau sherry uscat
2,5 ml/¬Ω linguriță zahăr

Înmuiați ciupercile în apă caldă timp de 30 de minute, apoi scurgeți-le. Aruncați tulpinile și tăiați capacele. Se încorporează peștele în diagonală de câteva ori pe ambele părți, se stropește cu sare și se lasă să stea 10 minute. Încinge uleiul și prăjește peștele până se rumenește ușor pe ambele părți. Adăugați ceapa primăvară, ghimbirul și usturoiul și prăjiți timp de 2 minute. Adăugați ingredientele rămase, aduceți la fierbere, acoperiți şi fierbeţi timp de 15 minute până când peştele este gătit, întorcându-se o dată sau de două ori şi amestecând din când în când.

Peşte dulce şi acru

Porti 4

1 bas mare sau peşte similar
1 ou, batut
50 g/2 oz făină de porumb (amidon de porumb)
ulei pentru prajit

Pentru sos:

15 ml/1 lingura ulei de arahide (arahide).
1 ardei verde, tăiat fâşii
100 g/4 oz bucăţi de ananas conservate în sirop
1 ceapă, tăiată felii
100 g/4 oz/¬Ω cană de zahăr brun
60 ml/4 linguri supa de pui
60 ml/4 linguri otet de vin
15 ml/1 lingură piure de roşii (pastă)
15 ml/1 lingură făină de porumb (amidon de porumb)
15 ml/1 lingura sos de soia
3 cepe de primăvară (cepe), tocate

Curățați peștele și îndepărtați aripioarele și capul, dacă preferați. Se unge in ou batut apoi in faina de porumb. Încinge uleiul și prăjește peștele până este fiert. Se scurge bine si se tine la cald.

Pentru a face sosul, se încălzește uleiul și se prăjește ardeiul, ananasul scurs și ceapa timp de 4 minute. Adăugați 30 ml/2 linguri de sirop de ananas, zahărul, bulionul, oțetul de vin, piureul de roșii, făina de porumb și sosul de soia și aduceți la fiert, amestecând. Se fierbe, amestecând, până când sosul se limpezește și se îngroașă. Se toarna peste peste si se serveste presarat cu ceapa primavara.

Pește umplut cu carne de porc

Porti 4

1 crap mare sau pește similar
sare
100 g/4 oz carne de porc tocată (măcinată).
1 ceapă de primăvară (ceapă), tocată
4 felii rădăcină de ghimbir, tocată
15 ml/1 lingură făină de porumb (amidon de porumb)
60 ml/4 linguri sos de soia
15 ml/1 lingura vin de orez sau sherry uscat
5 ml/1 lingurita zahar
75 ml/5 linguri ulei de arahide (arahide).
2 catei de usturoi, macinati
1 ceapă, feliată
300 ml/¬Ω pt/1¬° căni de apă

Curăță și scaldă peștele și stropește cu sare. Amestecați carnea de porc, ceapa primăvară, puțin ghimbir, făina de porumb, 15 ml/1 lingură sos de soia, vinul sau sherry și zahărul și folosiți pentru a umple peștele. Se încălzește uleiul și se prăjește peștele până se rumenește ușor pe ambele părți, apoi se scoate din tigaie și se scurge mare parte din ulei. Adăugați usturoiul și ghimbirul rămas și prăjiți până se rumenește ușor.

Adăugați sosul de soia rămas și apa, aduceți la fiert și fierbeți timp de 2 minute. Întoarceți peștele în tigaie, acoperiți și fierbeți timp de aproximativ 30 de minute până când peștele este gătit, întorcându-l o dată sau de două ori.

Crap condimentat înăbușit

Porti 4

1 crap mare sau pește similar
150 ml/¬° pt/generoasă ¬Ω cană ulei de arahide (arahide).
15 ml/1 lingura zahar
2 catei de usturoi, tocati marunt
100 g/4 oz muguri de bambus, feliați
150 ml/¬° pt/generoasă ¬Ω cană de stoc de pește
15 ml/1 lingura vin de orez sau sherry uscat
15 ml/1 lingura sos de soia
2 cepe de primăvară (cepe), tocate
1 felie radacina de ghimbir, tocata
15 ml/1 lingură sare de oțet de vin

Curățați și solzi peștele și puneți-l la înmuiat câteva ore în apă rece. Scurgeți și uscați, apoi marcați fiecare parte de mai multe ori. Încinge uleiul și prăjește peștele pe ambele părți până se întărește. Scoateți din tigaie și turnați și rezervați tot, cu excepția 30 ml/2 linguri de ulei. Adăugați zahărul în tigaie și amestecați până se întunecă. Adăugați usturoiul și lăstarii de bambus și amestecați bine. Adăugați ingredientele rămase, aduceți la fierbere, apoi puneți peștele înapoi în tigaie, acoperiți și fierbeți ușor aproximativ 15 minute până când peștele este fiert.

Puneți peștele pe o farfurie de servire încălzită și strecurați sosul deasupra.

www.ingramcontent.com/pod-product-compliance
Lightning Source LLC
Chambersburg PA
CBHW071824110526
44591CB00011B/1203